一般常識としての

漢字ドリル

成美堂出版

はじめに……4
本書の使い方……4

第1章 基本の漢字

1 日常的に使う漢字①……6
2 日常的に使う漢字②……8
3 日常的に使う漢字③……10
4 日常的に使う漢字④……12
5 日常的に使う漢字⑤……14
6 日常的に使う漢字⑥……16
7 日常的に使う漢字⑦……18
8 日常的に使う漢字⑧……20
9 仕事で使う漢字①……22
10 仕事で使う漢字②……24
11 仕事で使う漢字③……26
12 仕事で使う漢字④……28
13 同音異義語・同訓異字①……30
14 同音異義語・同訓異字②……32
15 同音異義語・同訓異字③……34
16 同音異義語・同訓異字④……36
17 送りがな①……38
18 送りがな②……40
19 慣用句・ことわざ①……42
20 慣用句・ことわざ②……44
21 慣用句・ことわざ③……46
22 慣用句・ことわざ④……48
23 慣用句・ことわざ⑤……50
24 四字熟語①……52
25 四字熟語②……54
26 四字熟語③……56
27 四字熟語④……58
チャレンジ！ 誤字を正そう……60

第2章 ニュースの漢字

28 経済ニュースの漢字① …… 62
29 経済ニュースの漢字② …… 64
30 政治ニュースの漢字① …… 66
31 政治ニュースの漢字② …… 68
32 法律ニュースの漢字 …… 70
33 社会ニュースの漢字 …… 72
34 国際ニュースの漢字 …… 74
35 科学・環境ニュースの漢字 …… 76
36 自然災害・気象ニュースの漢字 …… 78
37 スポーツニュースの漢字 …… 80
チャレンジ! 類義語を探そう …… 82

第3章 大人の教養漢字

38 食べ物の漢字 …… 84
39 身体・病気の漢字 …… 86
40 地名・駅名の漢字 …… 88
41 人名の漢字 …… 90
42 季節の漢字 …… 92
43 暦・行事の漢字 …… 94
44 神事・宗教の漢字 …… 96
45 冠婚葬祭の漢字 …… 98
46 歴史の漢字 …… 100
47 道具の漢字 …… 102
48 動物の漢字 …… 104
49 植物の漢字 …… 106
50 文化・芸能の漢字 …… 108
チャレンジ! 対義語を探そう …… 110

解答 …… 111

はじめに

最近は、パソコンやスマホで文章を書く機会が多くなり、手書きで文字を書く習慣のない人が増えました。

パソコンやスマホでは、文字を入力すると漢字の変換候補が自動で表示されます。これは非常に便利な機能です。しかし、自動で変換してくれるから、もはや漢字を覚える必要がないかというと、そんなことはありません。

そもそも知っている漢字が少ない人は、文章に使う漢字が限定されます。語彙力に乏しく、いつも同じ言葉だけを使っている人は、教養が乏しい人とみなされます。

また、漢字を知らないことには、パソコンやスマホが提示した変換候補の中から正しい言葉を選ぶこともできないはずです。

仕事の中では、他人が書いた文章や書類などを読む機会もありますが、漢字の読み方や意味を知らないと内容を理解できず、トラブルを招くおそれもあります。

何より、便利な機器に頼り切っていると、脳の機能は衰えていきます。早々に脳機能が低下してしまったら、人生100年時代を充実して過ごすのは難しくなります。

本書は、社会人として知っておきたい漢字を学ぶための書き込み式のドリルです。日常的に使う漢字や、仕事で使う漢字、ニュースに出てくる漢字など、さまざまな分野から出題しています。

毎日少しずつでもよいので、実際に手書きで書いてみましょう。最初から全部できなくても大丈夫。間違った漢字を復習すれば、きちんと脳内にインプットされます。

ぜひ、楽しみながらチャレンジしてみてください。

本書の使い方

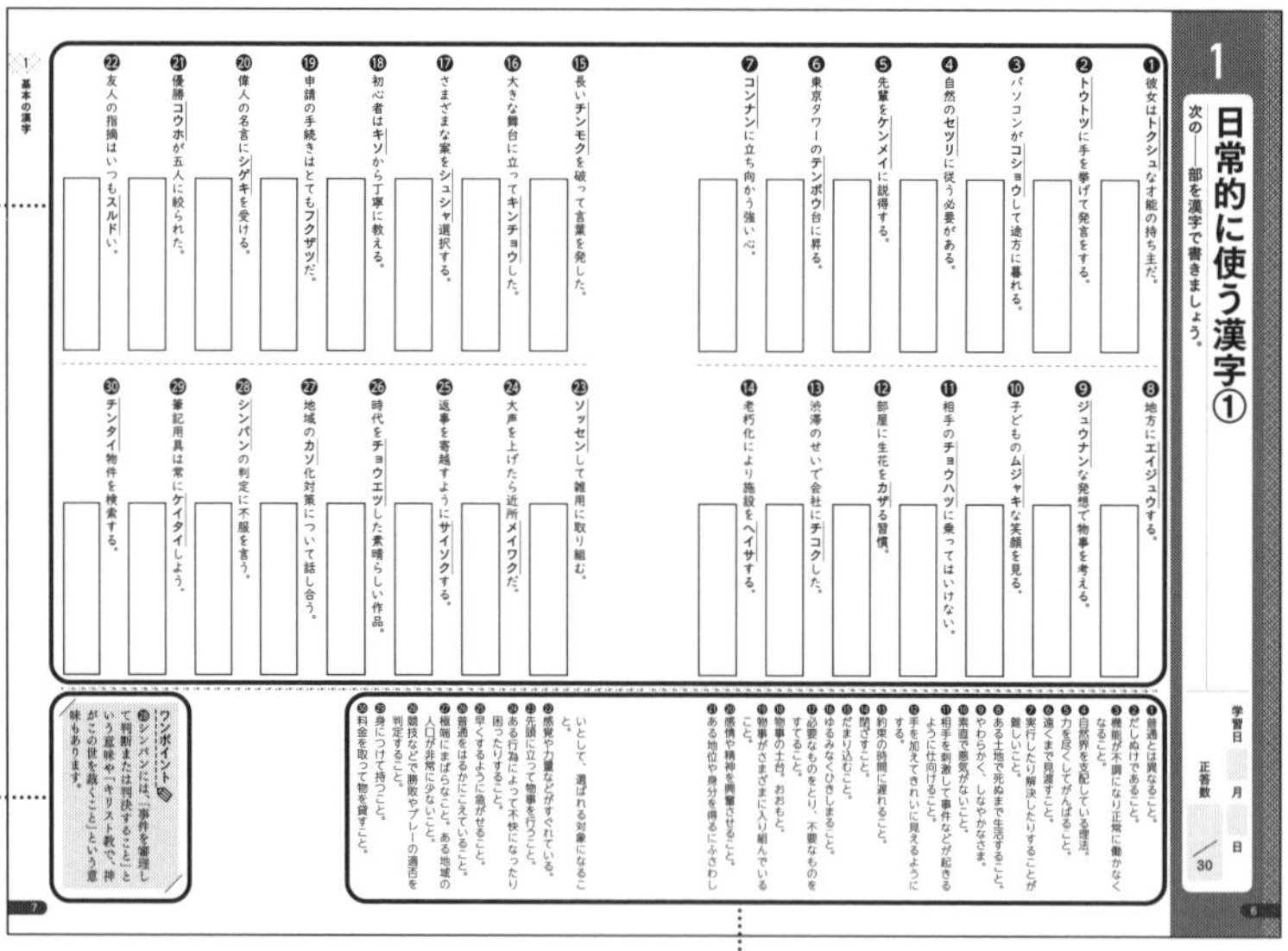

1
日常的に使う漢字①
次の——部を漢字で書きましょう。

❶ 彼女はトクシュな才能の持ち主だ。
❷ トウトツに手を挙げて発言をする。
❸ パソコンがコショウして途方に暮れる。
❹ 自然のセツリに従う必要がある。
❺ 先輩をケンメイに説得する。
❻ 東京タワーのテンボウ台に昇る。
❼ コンナンに立ち向かう強い心。
❽ 地方にエイジュウする。
❾ ジュウナンな発想で物事を考える。
❿ 子どものムジャキな笑顔を見る。
⓫ 相手のチョウハツに乗ってはいけない。
⓬ 部屋に生花をカザる習慣。
⓭ 渋滞のせいで会社にチコクした。
⓮ 老朽化により施設をヘイサする。
⓯ 長いチンモクを破って言葉を発した。
⓰ 大きな舞台に立ってキンチョウした。
⓱ さまざまな案をシュシャ選択する。
⓲ 初心者はキソから丁寧に教える。
⓳ 申請の手続きはとてもフクザツだ。
⓴ 偉人の名言にシゲキを受ける。
㉑ 優勝コウホが五人に絞られた。
㉒ 友人の指摘はいつもスルドい。
㉓ ソッセンして雑用に取り組む。
㉔ 大声を上げたら近所メイワクだ。
㉕ 返事を寄越すようにサイソクする。
㉖ 時代をチョウエツした素晴らしい作品。
㉗ 地域のカソ化対策について話し合う。
㉘ シンパンの判定に不服を言う。
㉙ 筆記用具は常にケイタイしよう。
㉚ チンタイ物件を検索する。

学習日 月 日
正答数 /30

❶ 普通とは異なること。
❷ だしぬけであること。
❸ 機能が不調になり正常に働かなくなること。
❹ 自然界を支配している理法。
❺ 力を尽くしてがんばること。
❻ 遠くまで見渡すこと。
❼ 実行したり解決したりすることが難しいこと。
❽ ある土地で死ぬまで生活すること。
❾ やわらかく、しなやかなさま。
❿ 素直で悪気がないこと。
⓫ 相手を刺激して事件などが起きるように仕向けること。
⓬ 手を加えてきれいに見えるようにする。
⓭ 約束の時間に遅れること。
⓮ 閉ざすこと。
⓯ だまり込むこと。
⓰ ゆるみなくひきしまること。
⓱ 必要なものをとり、不要なものをすてること。
⓲ 物事の土台。おおもと。
⓳ 物事がさまざまに入り組んでいること。
⓴ 感情や精神を興奮させること。
㉑ ある地位や身分を得るにふさわしいとして、選ばれる対象になること。
㉒ 感覚や力量などがすぐれている。
㉓ 先頭に立って物事を行うこと。
㉔ ある行為によって不快になったり困ったりすること。
㉕ 早くするように急がせること。
㉖ 普通をはるかにこえていること。
㉗ 極端にまばらなこと。ある地域の人口が非常に少ないこと。
㉘ 競技などで勝敗やプレーの適否を判定すること。
㉙ 身につけて持つこと。
㉚ 料金を取って物を貸すこと。

ワンポイント
㉘シンパンには、「事件を審理して判断または判決すること」という意味や「キリスト教で、神がこの世を裁くこと」という意味もあります。

6
1 基本の漢字
7

問題

問題は2ページ1単位で、30問ずつ掲載しています。社会人として最低限身につけておきたい問題を集めました。

ワンポイント

出題している漢字に関する豆知識を掲載しています。

意味

問題文の下段には、語句の意味を示しています。慣用句などは解答する漢字の意味ではなく、慣用句全体の意味を説明しています。わからない問題を考えるときのヒントにもなります。

第1章

基本の漢字

1 日常的に使う漢字①
2 日常的に使う漢字②
3 日常的に使う漢字③
4 日常的に使う漢字④
5 日常的に使う漢字⑤
6 日常的に使う漢字⑥
7 日常的に使う漢字⑦
8 日常的に使う漢字⑧
9 仕事で使う漢字①
10 仕事で使う漢字②
11 仕事で使う漢字③
12 仕事で使う漢字④
13 同音異義語・同訓異字①
14 同音異義語・同訓異字②
15 同音異義語・同訓異字③
16 同音異義語・同訓異字④
17 送りがな①
18 送りがな②
19 慣用句・ことわざ①
20 慣用句・ことわざ②
21 慣用句・ことわざ③
22 慣用句・ことわざ④
23 慣用句・ことわざ⑤
24 四字熟語①
25 四字熟語②
26 四字熟語③
27 四字熟語④

1 日常的に使う漢字①

次の——部を漢字で書きましょう。

学習日　月　日

正答数　／30

❶ 彼女は**トクシュ**な才能の持ち主だ。

❷ **トウトツ**に手を挙げて発言をする。

❸ パソコンが**コショウ**して途方に暮れる。

❹ 自然の**セツリ**に従う必要がある。

❺ 先輩を**ケンメイ**に説得する。

❻ 東京タワーの**テンボウ**台に昇る。

❼ **コンナン**に立ち向かう強い心。

❽ 地方に**エイジュウ**する。

❾ **ジュウナン**な発想で物事を考える。

❿ 子どもの**ムジャキ**な笑顔を見る。

⓫ 相手の**チョウハツ**に乗ってはいけない。

⓬ 部屋に生花を**カザ**る習慣。

⓭ 渋滞のせいで会社に**チコク**した。

⓮ 老朽化により施設を**ヘイサ**する。

❶ 普通とは異なること。
❷ だしぬけであること。
❸ 機能が不調になり正常に働かなくなること。
❹ 自然界を支配している理法。
❺ 力を尽くしてがんばること。
❻ 遠くまで見渡すこと。
❼ 実行したり解決したりすることが難しいこと。
❽ ある土地で死ぬまで生活すること。
❾ やわらかく、しなやかなさま。
❿ 素直で悪気がないこと。
⓫ 相手を刺激して事件などが起きるように仕向けること。
⓬ 手を加えてきれいに見えるようにする。
⓭ 約束の時間に遅れること。
⓮ 閉ざすこと。
⓯ だまり込むこと。
⓰ ゆるみなくひきしまること。
⓱ 必要なものをとり、不要なものをすてること。
⓲ 物事の土台。おおもと。
⓳ 物事がさまざまに入り組んでいること。
⓴ 感情や精神を興奮させること。
㉑ ある地位や身分を得るにふさわし

⑮ 長い**チンモク**を破って言葉を発した。

⑯ 大きな舞台に立って**キンチョウ**した。

⑰ さまざまな案を**シュシャ**選択する。

⑱ 初心者は**キソ**から丁寧に教える。

⑲ 申請の手続きはとても**フクザツ**だ。

⑳ 偉人の名言に**シゲキ**を受ける。

㉑ 優勝**コウホ**が五人に絞られた。

㉒ 友人の指摘はいつも**スルド**い。

㉓ **ソッセン**して雑用に取り組む。

㉔ 大声を上げたら近所**メイワク**だ。

㉕ 返事を寄越すように**サイソク**する。

㉖ 時代を**チョウエツ**した素晴らしい作品。

㉗ 地域の**カソ**化対策について話し合う。

㉘ **シンパン**の判定に不服を言う。

㉙ 筆記用具は常に**ケイタイ**しよう。

㉚ **チンタイ**物件を検索する。

いとして、選ばれる対象になること。

㉒感覚や力量などがすぐれている。

㉓先頭に立って物事を行うこと。

㉔ある行為によって不快になったり困ったりすること。

㉕早くするように急がせること。

㉖普通をはるかにこえていること。

㉗極端にまばらなこと。ある地域の人口が非常に少ないこと。

㉘競技などで勝敗やプレーの適否を判定すること。

㉙身につけて持つこと。

㉚料金を取って物を貸すこと。

ワンポイント

㉘シンパンには、「事件を審理して判断または判決すること」という意味や「キリスト教で、神がこの世を裁くこと」という意味もあります。

2

日常的に使う漢字②

次の――部を漢字で書きましょう。

学習日　月　日

正答数　／30

❶ 急な予定の変更に**ドウヨウ**する。

❷ 両チームが**ゴカク**の戦いを続ける。

❸ **ネンレイ**による差別は許されない。

❹ 勤務先までの**キョリ**が長くなる。

❺ サーキットを**シッソウ**する車。

❻ **ショミン**的なお店を愛用する。

❼ 彼女の話し方は**ミリョク**的だ。

❽ ハンドルを**アヤツ**りながら運転する。

❾ 将来に対する**バクゼン**とした不安。

❿ **シンセン**な野菜が売られている。

⓫ **シュウカンシ**の記事を読む。

⓬ 練習の成果をいかんなく**ハッキ**する。

⓭ 新しい時代を**ショウチョウ**する催し。

⓮ 野菜の**シュウカク**がピークを迎える。

❶ 心の平静を失うこと。
❷ おたがいの力量に優劣がないこと。
❸ 生まれてから現在までに経過した年数。
❹ 二つの地点の間のへだたり。
❺ 非常に速く走ること。
❻ 世間一般の人々。
❼ 人の心を引きつける力。
❽ 巧みに使う。
❾ ぼんやりしていて、はっきりしないさま。
❿ 新しくて生きがよいこと。
⓫ 一週間に一回ずつ発行されるザッシ。
⓬ 持っている能力や特性を外にあらわすこと。
⓭ 抽象的な概念などを、具体的な物事に置き換えてあらわすこと。
⓮ 農作物を取り入れること。
⓯ かぶさって隠す。
⓰ 身にしみて感じること。
⓱ 非常にすばやいこと。
⓲ 手間がかかって面倒なこと。
⓳ 現実から離れた、夢を見ているようなさま。
⓴ つまびらかにする。
㉑ みずびたしになること。
㉒ 決断力が強く思い切って物事を行

⑮ 視界が霧で**オオ**われている。

⑯ 友人と再会して**カンガイ**深いものがある。

⑰ トラブルに**ジンソク**に対応した。

⑱ **ヤッカイ**な出来事が発生した。

⑲ **ゲンソウ**的な絵画を鑑賞する。

⑳ 目撃したことを**クワ**しく話す。

㉑ 洪水で床下**シンスイ**の被害が出る。

㉒ 新しい取り組みに**カカン**に挑戦する。

㉓ **ヒンプ**の差が激しい社会だ。

㉔ **ゲキテキ**な逆転勝利を目にする。

㉕ 他者に対して**カンヨウ**な社会を目指す。

㉖ 失言により、謝罪を**ヨギ**なくされる。

㉗ 処方薬の**コウヨウ**を確かめる。

㉘ **ヨウチエン**に通う子どもたち。

㉙ 環境問題が**シンコク**になっている。

㉚ **テイネイ**な手作業で作られた作品。

うさま。
㉓まずしいことと、お金持ちであること。
㉔ドラマチック。
㉕広い心で人を受け入れること。
㉖他の方法。
㉗ききめ。
㉘小学校に入るまでの子どものための教育施設。
㉙切実で重大なさま。
㉚注意が行き届くこと。

ワンポイント

❷ゴカクは牛の頭にある角が左右ともに長さ・大きさの差がないところから生まれた言葉であり、「牛角」とも書きます。類語には「五分五分」があります。

⓭ショウチョウはフランス語のsymboleの訳語。中江兆民が『維氏美学』という翻訳書で初めて使ったとされています。語源であるギリシア語のsymbolonには割符の意味がありました。

3 日常的に使う漢字③

次の――部を漢字で書きましょう。

❶ 日頃の練習で**ツチカ**った技術を見せる。

❷ ゴッホの**ケッサク**を展示する美術館。

❸ 空気が**カンソウ**している。

❹ 健康のために運動を**ショウレイ**する。

❺ **スイミン**時間を十分に確保する。

❻ **ザンシン**な計画を発表する。

❼ まずは信頼関係を**コウチク**しよう。

❽ 一度の失敗で自信を**ソウシツ**する。

❾ ひたすら昇進を**コバ**む社員。

❿ **ゼンテイ**条件を明確にする。

⓫ いつもとは**シュコウ**の異なる催しだ。

⓬ **ガマン**をしているとストレスがたまる。

⓭ 過去の成功例を**モホウ**する。

⓮ 絵本の**ロウドク**をする。

❶ 育成する。
❷ できばえが非常にすぐれている作品。
❸ かわくこと。
❹ ある物事をするように人にすすめること。
❺ ねむること。
❻ 着想などが際立ってあたらしい様子。
❼ 組み立て築くこと。
❽ なくすこと。
❾ いやだと強く断る。
❿ ある物事が成り立つもととなるもの。
⓫ おもむき。おもむきを出すための工夫。
⓬ つらさを耐えること。
⓭ まねること。
⓮ 声高く読み上げること。
⓯ 問題を出して合否などを判定すること。
⓰ 深く考えないで何かをすること。
⓱ 実際より大げさに表現すること。
⓲ まったくないこと。
⓳ ごみやよごれを取り除いて清潔にすること。
⓴ 気持ちをこめて人に物を与えること。

学習日 月 日

正答数 /30

⑮ **シケン**を受けて資格を取得する。

⑯ **ケイソツ**な行動に注意してほしい。

⑰ 彼は話を**コチョウ**する癖がある。

⑱ 勝利の可能性は**カイム**である。

⑲ 毎朝の**ソウジ**を習慣にしている。

⑳ 同僚にプレゼントを**オク**る。

㉑ 病院に**ヘイセツ**されている老人ホーム。

㉒ 政治家が自己弁護に**シュウシ**する。

㉓ これまでの方針を**テンカン**する。

㉔ **エンリョ**しないで食べてください。

㉕ 日本記録**コウシン**の期待が高まる。

㉖ エネルギーを海外に**イソン**する日本。

㉗ 人気の講演に申し込みが**サットウ**する。

㉘ 問題の**コンテイ**にあるものを突き止める。

㉙ 警察が**インシュ**運転を取り締まる。

㉚ 勉強をして将来の**センタクシ**を広げる。

㉑ 一緒に設置すること。
㉒ はじめからおわりまで変わらないこと。
㉓ 別の方向に変わること。
㉔ 言葉や行動を控えめにすること。
㉕ 古いものに代わってあたらしくなること。
㉖ 他のものにたよって成り立つこと。
㉗ 一度に押し寄せること。
㉘ 物事の土台となっているもの。
㉙ さけをのむこと。
㉚ 自分で選ぶことができる複数の回答。

ワンポイント

㉔ エンリョには「遠い将来のことまで見通して考えること」という意味もあり、深謀《しんぼう》エンリョという四字熟語で表現されることもあります。

4 日常的に使う漢字④

次の――部を漢字で書きましょう。

学習日　　月　　日

正答数　　／30

❶ 提出した申請書が**シンサ**される。

❷ 無意識の**ヘンケン**に気をつけるべきだ。

❸ **チセツ**だが想いのこもったスピーチ。

❹ ゴミ拾いで地域に**コウケン**する。

❺ 市役所に**コンイン**届を提出する。

❻ いじめはれっきとした**ハンザイ**行為だ。

❼ 手を放した**トタン**に逃げ出した。

❽ 興奮して顔が**コウチョウ**する。

❾ **キンセン**に細かい人は嫌われる。

❿ お土産の**デントウ**工芸品を購入する。

⓫ **ケンキョ**な姿勢で仕事に取り組む。

⓬ 前回の主張と**ムジュン**している。

⓭ そろそろ**コロモガ**えの時期だ。

⓮ 投資詐欺の組織が**テキハツ**される。

❶ 物事を調べて優劣などを決めること。
❷ かたよった見方・考え方。
❸ 未熟でへたなこと。
❹ 物事に役立つように力を尽くすこと。
❺ 夫婦関係を結ぶこと。
❻ 法律に違反する行為。
❼ ちょうどそのとき。
❽ 顔に血がのぼって赤みがさすこと。
❾ おかね。通貨。
❿ 古くからのしきたりや制度など。
⓫ ひかえめで、つつましやかなこと。
⓬ つじつまが合わないこと。
⓭ 季節に合った服に着がえること。
⓮ 悪事などをあばいて公表すること。
⓯ おどろいて感心すること。
⓰ 危険を予告し、注意をうながすもの。
⓱ しきたり。
⓲ 使わずに大切にしまっておくこと。
⓳ 前もって判断すること。
⓴ ゆるしてみとめること。
㉑ かざりけがなく、ありのままであること。
㉒ すべてを一様にすること。
㉓ その場の状況に対応可能な心の働

⑮ 見事な手さばきに**キョウタン**した。

⑯ 土砂崩れの危険性に**ケイショウ**を鳴らす。

⑰ レポートを書くときの**サホウ**を学ぶ。

⑱ 明日の旅行に備えて体力を**オンゾン**する。

⑲ 容体は**ヨダン**を許さない状況だ。

⑳ 彼らの行いはけっして**ヨウニン**できない。

㉑ **ソッチョク**に言うと望みは薄い。

㉒ 日本の教育は**カクイツ**的である。

㉓ **キテン**をきかせて助け船を出す。

㉔ 園内を**ジュンカン**するバスに乗る。

㉕ **リフジン**な扱いに耐え続ける。

㉖ **キュウゲキ**な社会の変化に対応する。

㉗ 邪魔者を**ハイジョ**する。

㉘ 改革の必要性を**キョウチョウ**する。

㉙ 非効率なやり方から**ダッキャク**する。

㉚ 世界的な俳優といっても**カゴン**ではない。

き。
㉔めぐりめぐって元に戻ること。
㉕筋が通らないこと。
㉖行動や変化がはげしいさま。
㉗おしのけて、のぞくこと。
㉘特につよく主張すること。
㉙よくない状態から抜け出すこと。
㉚いいすぎ。

ワンポイント

平安時代には⑬コロモガえを四月一日と十月一日に行いました。現在では、期日を明確にして行うことはなくなりましたが、学校や会社の制服などでは一斉に行われることが多いです。

5 日常的に使う漢字⑤

次の——線部の読み方を書きましょう。

❶ **生粋**の江戸っ子として育つ。

❷ **窃盗**の容疑で逮捕された人。

❸ 明らかに**狼狽**している様子だ。

❹ **数珠**を持って通夜に参列する。

❺ 他人の顔色を**窺**うのはやめよう。

❻ 健康のために体を**鍛**える。

❼ **猜疑心**が強く人を近づけない。

❽ チームリーダーに**抜擢**される。

❾ **慎重**に話し合いを進める。

❿ 仕事の**醍醐味**を味わった。

⓫ **愛猫**家の隣人と仲よくなる。

⓬ 大名家の**末裔**が住んでいる家。

⓭ 休日にレジャーを**満喫**した。

⓮ 卒業式が**厳**かに行われる。

---

❶ まじりけがまったくないこと。
❷ 他人の財物を盗むこと。
❸ 思わぬ出来事のために、あわてること。うろたえること。
❹ 仏・菩薩を拝むときに手に掛ける仏具。
❺ そっと様子をさぐる。
❻ 練習を繰り返して心身を強くする。
❼ 人を信用せずに疑う気持ち。
❽ 大勢の中から選び出して登用すること。
❾ 注意深くて、軽はずみに行動しないさま。
❿ 物事の本当の面白さ。
⓫ ねこをかわいがること。
⓬ 子孫。
⓭ 十分に味わうこと。
⓮ 威厳があるさま。
⓯ 最高の境地。
⓰ 努力して困難にうちかつこと。
⓱ 神仏に祈り願うこと。
⓲ 伝わり広まること。
⓳ 書物などを調べたり見たりすること。
⓴ 自然のまま、ありのままであること。
㉑ 心が強くとらわれ、離れないこと。

学習日　月　日

正答数　／30

⑮ 芸術の**極致**ともいえる動き。

⑯ 病気を**克服**して現場に復帰する。

⑰ 必勝**祈願**のために神社を参拝する。

⑱ 稲作が日本に**伝播**する。

⑲ 図書館で資料を**閲覧**する。

⑳ **素朴**な味がする郷土料理。

㉑ 過去に**執着**するのをやめる。

㉒ 発言の**意図**を確認する。

㉓ 彼の証言は**紛**れもない事実だ。

㉔ 家族四人で飲食店を**営**む。

㉕ 所持金がなくなり**途方**に暮れる。

㉖ **険**しい山を一人で登る。

㉗ **魂**をこめて作品を仕上げる。

㉘ 無事との一報を聞いて**安堵**する。

㉙ ポイ捨ては**唾棄**すべき振る舞いだ。

㉚ 波に**翻弄**されて進まない船。

㉒ 考えていること、目的。
㉓ 間違うこと。
㉔ 職業として仕事をする。
㉕ 手段、てだて。
㉖ 傾斜が急なさま。
㉗ 精神、気力。
㉘ 心配ごとがなくなって安心すること。
㉙ ひどく軽蔑すること。
㉚ 思うままにもてあそぶこと。

ワンポイント

❹数珠は小さな珠を糸に貫いて輪にしたものであり、珠の数は一〇八個が基本とされます。ただし、宗派によっては違う数のものもあります。

6 日常的に使う漢字⑥

次の――線部の読み方を書きましょう。

学習日　月　日

正答数　／30

❶ **辛辣**な批評で知られる評論家。

❷ 家族で**老舗**の味を楽しんだ。

❸ 誰かが生活していた**痕跡**がある。

❹ どちらの道に進むべきか**躊躇**する。

❺ 先生と比較して**遜色**のない解答。

❻ ぶつぶつと**呟**きながら歩く。

❼ 友人との思い出に**浸**る。

❽ 彼は人生の**岐路**に立たされている。

❾ 日頃の**鍛錬**の成果を見せる。

❿ 原因を**把握**して対策を検討する。

⓫ 道徳心が**欠如**している。

⓬ 会長就任を何度も**固辞**する。

⓭ 友人と**交替**で見張りを行う。

⓮ 母の**米寿**をみんなでお祝いする。

---

❶ きわめて手厳しいこと。
❷ 何代にもわたって繁盛している店。
❸ 以前に何事かがあったあと。
❹ あれこれ迷って決心がつかないこと。
❺ 他と比べて劣っていること。
❻ 小声でひとりごとを言う。
❼ ある状態に入り切る。
❽ わかれ道。
❾ 訓練を積んで心身をきたえたり技をみがいたりすること。
❿ しっかり理解すること。
⓫ 欠けていること。
⓬ かたく辞退すること。
⓭ 入れかわること。
⓮ 八十八歳。米の字を分解すると八十八になるところから。
⓯ 潤いを失って水分がほしくなる。
⓰ 中央から離れた目立たない隅。
⓱ ちらりと見ること。
⓲ 現実のとおりであること。
⓳ おもむき。味わい。
⓴ 口ぶり。
㉑ 埋もれて見えなくなること。
㉒ 故意に行われる虚偽の議論。
㉓ 非常に忙しいこと。
㉔ 手軽に物事を行うこと。

⑮ のどが**渇**いたので水を飲む。

⑯ 部屋の**片隅**に置かれた家具。

⑰ **一瞥**して正体を見きわめる。

⑱ 勉強の成果が**如実**にあらわれる。

⑲ 昔の**風情**を感じさせる建物。

⑳ 優しい**口調**で説得を続ける。

㉑ 土砂崩れで車が**埋没**した。

㉒ 彼の言うことは**詭弁**である。

㉓ **多忙**な人なのでいつも会えない。

㉔ お宝が**無造作**に置かれている蔵。

㉕ 友人と**胸襟**を開いて語り合う。

㉖ 神社の**境内**で友人を見かける。

㉗ **唯一**の生存者が発見される。

㉘ 新しい人を受け入れる**余裕**はない。

㉙ 二人の実力は**拮抗**している。

㉚ **吟味**した結果、プランを採用する。

㉕胸のうち。
㉖寺院や神社の敷地の内側。
㉗ただひとつであること。
㉘あまりがあること。
㉙勢力がほぼ同じで、優劣がないこと。
㉚念入りに調べること。

ワンポイント

❷老舗は「仕似す・為似す（先祖代々の家業を守り継いで信用を得る）」に由来する言葉であり、「家業を守り継ぐこと」という意味でも使われます。
⓭交替は繰り返される場合に使い、交代は主に役目などが一回限りの場合に使います。ただし、例外として「参勤交代」などの表現も使われています。

7 日常的に使う漢字⑦

次の――線部の読み方を書きましょう。

学習日　月　日

正答数　／30

❶ 優勝を**阻**むビッグプレーが出る。

❷ 一世を**風靡**したアイドルグループ。

❸ 計算にはとことん**疎**い人。

❹ 環境問題のセミナーを**催**す。

❺ **咄嗟**に身をかわして危険を回避した。

❻ 帰りの**支度**をする。

❼ 入学式で校歌を**斉唱**する。

❽ 問題の根本原因を**探**る。

❾ 数々の要職を**歴任**してきた人。

❿ 近所の人と**親睦**を深める。

⓫ **真偽**のほどは定かではない。

⓬ サーカスの**妙技**に目を奪われる。

⓭ 相手の話を**遮**るのはよくない。

⓮ **早速**、計画を実行しよう。

❶ 邪魔をする。
❷ 多くの人をなびき従わせること。
❸ よく知らない。
❹ 開催する。
❺ きわめて短い時間。
❻ 準備。
❼ おおぜいで同じ旋律を同時に歌うこと。
❽ 未知のことを観察したり調査したりする。
❾ 次々と役職に任ぜられること。
❿ 仲よくすること。
⓫ まことといつわり。
⓬ 巧みなわざ。
⓭ 邪魔をする。
⓮ すぐに。
⓯ 文章や写真などをのせること。
⓰ そむき離れること。
⓱ 単語の総体。
⓲ 勢いが盛んではげしいさま。
⓳ 規定の学科などを習い修めること。
⓴ 毎回。
㉑ 学問や芸事の奥義。
㉒ 人に与える。
㉓ 特別な名のある有名な菓子。
㉔ なりゆきがはっきりしないさま。
㉕ 他のものをしのいでその上に出る

⑮ イベントの情報を**掲載**する雑誌。

⑯ 両者の意見が大きく**乖離**している。

⑰ **語彙**を増やすために読書をする。

⑱ **熾烈**な争いを繰り広げる。

⑲ 大学の**履修**科目を選択する。

⑳ 使用した**都度**料金を支払う。

㉑ 家庭円満の**極意**を教えてもらう。

㉒ 高齢者に座席を**譲**る。

㉓ **銘菓**のお土産をもらう。

㉔ **混沌**とした状況が続いている。

㉕ 他社製品を**凌駕**する品をつくる。

㉖ どっちつかずの対応に**苛立**ちを覚える。

㉗ 組織の**中枢**で権力を握る人物。

㉘ ヒントから答えを**類推**する。

㉙ ミステリー小説に**耽溺**する。

㉚ 建物が**崩壊**する恐れがある。

こと。

㉖ 思うようにいかず、焦ってじりじりすること。

㉗ 物事の中心となる部分。

㉘ 類似点に基づいて他の物事を推し量ること。

㉙ あることにふけり、おぼれること。

㉚ 崩れこわれること。

ワンポイント

❸疎いは人間関係について「親しくない」「関係が深くない」という意味でも使われます。❺咄嗟の「咄」も「嗟」も、驚くなどして思わず発する声を意味します。緊迫した状況でのごくわずかな時間を表すときの言葉です。

8

日常的に使う漢字⑧

次の――線部の読み方を書きましょう。

学習日　月　日

正答数　／30

❶ 事故の件数が**逓減**しているようだ。

❷ 後の才能の**片鱗**を見せる。

❸ 思わず**快哉**を叫んだ。

❹ 報告書を**推敲**してから提出する。

❺ 小学生当時の記憶が**蘇**る。

❻ 努力の結果が**顕著**にあらわれている。

❼ 受付で来客に**会釈**をする。

❽ **沸騰**したお湯を湯たんぽに入れる。

❾ **治療**のために通院を続ける。

❿ **優**れた成績を残した生徒。

⓫ いつになく父の**機嫌**がいい。

⓬ **慌**てて火を消し止める。

⓭ 一日中窓の外を**眺**めている。

⓮ **真摯**な受け答えを心掛ける。

❶ しだいに減ること。
❷ ごくわずかな部分。一端。
❸ 心から愉快なこと。
❹ 文章の字句を何度も練り直すこと。
❺ 生き返る。以前の状態に戻る。
❻ 際立って目につくこと。
❼ 軽く頭を下げて礼をすること。
❽ 煮え立つこと。
❾ 病気やけがをなおすこと。
❿ 他よりまさる。
⓫ 表情や態度などにあらわれている、快・不快の感情。
⓬ 落ち着きを失う。
⓭ 遠くをのぞみ見る。
⓮ まじめでひたむきなさま。
⓯ 非常にこまかいこと。
⓰ はっきりしないさま。
⓱ ありふれていてつまらないこと。
⓲ すっかり取り去ること。
⓳ 受け取って自分のものにすること。
⓴ 繰り返し考え、味わうこと。
㉑ めったにないこと。
㉒ 非常に多い。
㉓ 理由。
㉔ それに集中するさま。
㉕ 複雑に入り組むこと。

⑮ 謝罪するつもりは**微塵**もない。

⑯ **曖昧**な記憶しか残っていない。

⑰ 身につけた知識が**陳腐**化する。

⑱ マイナスイメージを**払拭**しよう。

⑲ 便利な生活を**享受**する。

⑳ 先生の言葉を何度も**反芻**する。

㉑ 彼女は世界で活躍する**稀有**な存在。

㉒ 目の前に**夥**しい数の虫がいる。

㉓ 成功の**所以**はひたむきさにある。

㉔ 映画は**専**ら映画館で楽しんでいる。

㉕ 指示が**錯綜**していて行動に移せない。

㉖ 災害で亡くなった人を**悼**む。

㉗ 街は大きく**変貌**していた。

㉘ **思惑**どおりに物事が進んだ。

㉙ 明らかな**嫌悪**感を示す。

㉚ **脆弱**なシステムの危険性。

㉖ 人の死をなげき悲しむ。
㉗ 姿や様子がすっかり変わること。
㉘ 思うところ。
㉙ 憎みきらうこと。
㉚ もろくて弱いこと。

ワンポイント

❹推敲は「僧は推す月下の門」という句の「推」を「敲」にするべきか何度も思い悩んだという故事に由来する言葉です。

⑯曖昧の「曖」も「味」も「暗い」という意味があり、曖昧は暗いことや、いかがわしいことをあらわす言葉でもあります。

9 仕事で使う漢字①

次の――線部を漢字で書きましょう。

❶ 電子**ショメイ**の仕組みを導入する。

❷ **ソシキ**全体で残業を減らそう。

❸ 経費**セイサン**のデジタル化を進める。

❹ 新社の設立を**イワ**う。

❺ 同期の女性が部長に**ショウカク**した。

❻ **ムボウ**な挑戦に失敗する。

❼ 経費**サクゲン**の方法を考える。

❽ 事業を**キドウ**に乗せる。

❾ データを**ブンセキ**してまとめる。

❿ 売上目標の**トウタツ**を目指す。

⓫ 給料が**ブアイ**制で支払われる。

⓬ 中小企業の事業**ショウケイ**。

⓭ **ムダ**な会議資料を減らす。

⓮ 職場の仲間と意思の**ソツウ**を図る。

❶サイン。
❷一定の目標と役割を持つ人々が集まった集団。
❸金額などを細かく計算すること。
❹めでたいことに対して、喜びを言葉や動作であらわす。
❺格式・階級などが上がること。
❻深い考えのないこと。
❼けずってへらすこと。
❽物事が進んでいくときの道筋。
❾複雑な事柄を単純な要素に分けて解明すること。
❿行き着くこと。
⓫出来高に応じた報酬。
⓬うけつぐこと。
⓭役に立たないこと。
⓮考えなどが相手によく通じること。
⓯物事の基準になる、めじるし。
⓰給与などの取り扱い。
⓱しみ通ること。
⓲決算などのため、在庫品の種類や数量を調査し、価額を決定すること。
⓳商品などを販売したが、まだ受け取っていない代金。
⓴個人が持つノウハウのうち、言葉や図などでは明示されていないもの。
㉑責任などを他になすりつけること。

学習日　月　日

正答数　／30

⑮ 経営**シヒョウ**を重視する。

⑯ 入社後の**タイグウ**を確認する。

⑰ 創業の理念が全社に**シントウ**する。

⑱ 年に一度の**タナオロ**しを行う。

⑲ **ウリカケキン**が回収されていない。

⑳ 社内の**アンモクチ**を形式知化する。

㉑ コストの上昇分を価格**テンカ**する。

㉒ 取引先との**コウショウ**を進める。

㉓ 会社の**エンカク**を事前に調べる。

㉔ 有給休暇の**シンセイ**を行う。

㉕ 新規の顧客を**カイタク**すべきだ。

㉖ 会議を**エンカツ**に進行する。

㉗ 経営の失敗により**ソンシツ**が出た。

㉘ 社内で十分な**ケントウ**を行う。

㉙ **シッコウ**役員に就任する。

㉚ **ビコウ**欄にメモをしておく。

㉒取り決めるために相手と話し合うこと。
㉓うつりかわり。
㉔許可などを願い出ること。
㉕新しい分野を切り開くこと。
㉖物事が滞りなくすらすらと行われること。
㉗そこないうしなうこと。
㉘調べたずねること。
㉙とりおこなうこと。
㉚参こうのためにそなえること。

ワンポイント

⑯タイグウは給与・労働条件などに関する取り扱いのことを意味し、処遇は地位や職務などに関する取り扱いを意味します。

10 仕事で使う漢字②

次の――線部を漢字で書きましょう。

❶ チームが**キノウ**し始める。

❷ **アラリエキ**で目標となる金額。

❸ 会議の発言は**カンケツ**に行うべきだ。

❹ **ナニトゾ**よろしくお願いします。

❺ **ヘイシャ**の事業内容を紹介します。

❻ 短時間で**セイカ**を上げよう。

❼ **センモン**知識を身につける。

❽ **セイゾウギョウ**によるテレワーク導入。

❾ **ダイタイアン**を提示する。

❿ 社名を**サッシン**する。

⓫ **センポウ**の意向に従う。

⓬ 本社の取締役に**エイテン**する。

⓭ **テンキン**制度を廃止する企業。

⓮ 子会社への**シュッコウ**が決まる。

❶十分なはたらきをすること。
❷売上高から売上原価を差し引いた額。
❸短く要領よくまとまっていること。
❹相手に強く願う気持ちをあらわす。どうか。
❺自分が属する会社を謙遜していう言葉。
❻なしえた結果。
❼特定の分野を研究・担当すること。
❽原料品を加工して新しいものを作る産業。
❾代わりとなるプラン。
❿悪いところを除いて、まったくあたらしくすること。
⓫相手方。
⓬これまでより高い地位に移ること。
⓭同じ官公庁・企業の中で勤務する場所が変わること。
⓮籍を元の組織に置いたまま、他の官庁・企業に勤務すること。
⓯使用者が労働者との雇用契約を一方的に解除すること。
⓰子を養育するために労働者が一定期間の休暇を取ること。
⓱利益。もうけ。
⓲つみかさなること。
⓳人の気持ちをふるいたたせること。

学習日 月 日

正答数 /30

⑮ **カイコ**の通告を受けた社員。

⑯ 男性**イクキュウ**の取得率。

⑰ **リジュン**の追求がすべてではない。

⑱ **ルイセキ**赤字の責任を取る。

⑲ チームの士気を**コブ**する。

⑳ 一カ月の**キンシン**処分を受ける。

㉑ **フショウジ**の対応に追われる。

㉒ 社内に安全の**ヒョウゴ**を掲示する。

㉓ **スウコウ**な経営理念。

㉔ **シュウギョウキソク**に定める。

㉕ 新入社員の**シヨウキカン**。

㉖ **ショクギョウリンリ**に反する行為。

㉗ **タイショクキン**を元手に起業する。

㉘ **フカカチ**の高いサービス。

㉙ ○○社人事部**オンチュウ**。

㉚ **ゼニン**しがたい意見。

---

⑳ 一定期間の出勤を禁じる処罰。
㉑ 好ましくない事件。
㉒ モットー。スローガン。
㉓ けだかく、尊いこと。
㉔ 労働者が守るべき条件や規律などを定めたもの。
㉕ 採用した社員を本採用する前にためしに勤務させるターム。
㉖ プロとして守るべき道徳的な言動。
㉗ 雇用関係が終了した際に、企業から従業員に支給される金銭の総称。
㉘ 商品・サービスにおいて、ほかにはない新たなねうち。
㉙ 団体・会社などにあてた郵便物の宛名の下に添える言葉。
㉚ よしとみとめること。

ワンポイント

労働基準法では、常時10人以上の労働者を使用する使用者は㉔シュウギョウキソクの作成・届出・周知が義務づけられています。

11 仕事で使う漢字③

次の――線部の読み方を書きましょう。

❶ 取引先と**折衝**を重ねる。

❷ **見積書**を作成する。

❸ M&Aで大企業の**傘下**に入る。

❹ 売上の不足分を**補填**する。

❺ お客様が**仰**ることももっともだ。

❻ 思ったよりも仕事が**捗**った。

❼ 法令**遵守**が求められている。

❽ 資料が**重複**していたので差し替える。

❾ 合併後の新体制が**発足**した。

❿ 署名**押印**をして提出する。

⓫ **嘱託**社員として採用される。

⓬ お客様にご**愛顧**いただく。

⓭ 製品に**瑕疵**があった場合の対応。

⓮ 金融機関からの**借入金**。

❶ 利害の異なる相手と談判やかけひきをすること。
❷ 所要の費目を記した書類。
❸ 大きな勢力のもとに寄り集まること。
❹ 不足を補って埋めること。
❺ 「言う」の尊敬語。
❻ 物事が順調に進む。
❼ 法律などに従い、守ること。
❽ 同じ物事が重なること。
❾ 発動を始めること。
❿ 印判を押すこと。
⓫ 正規の任命ではなく、業務に携わることを依頼すること。
⓬ 引き立てること。
⓭ きず。欠点。
⓮ 金融機関などから借り入れる資金。
⓯ プライド。
⓰ 非常にいそぐこと。
⓱ 間に人を入れず、直接相手と交渉すること。
⓲ ほんの少しの人数。
⓳ ほどよいころあい。
⓴ この上ないこと。
㉑ 心が狭いこと。
㉒ 会議を開くほどではない事項について、決定案を関係者に回して承

学習日　月　日

正答数　／30

⑮ **矜持**を持って仕事をしよう。

⑯ **早急**に報告する必要がある。

⑰ 社長に**直談判**をする。

⑱ パートを**若干名**募集する。

⑲ **時宜**にかなったプロジェクト。

⑳ **至極**真っ当な意見が寄せられる。

㉑ **狭量**な上司に悩む。

㉒ **稟議**書を提出する。

㉓ **訴求**力のある企画。

㉔ 新人の**杜撰**な仕事ぶり。

㉕ 役員に**忖度**して意思決定する。

㉖ 契約を**承諾**する。

㉗ 業績不振について**陳謝**する。

㉘ 過去の事例を**踏襲**する。

㉙ 契約内容を**反故**にされた。

㉚ わが社の**社是**となっている。

認を求めること。

㉓ 買い手に訴えかけること。

㉔ あやまりが多く、いいかげんなこと。

㉕ 他人の気持ちを推し量ること。

㉖ 同意して受け入れること。

㉗ 事情を述べてあやまること。

㉘ それまでのやり方をそのまま受け継ぐこと。

㉙ むだなもの。

㉚ 会社の基本的な経営方針。

ワンポイント

❶折衝は、「敵が衝いてくる矛先を折る」ということから生まれた言葉です。

㉔杜撰の「撰」は詩歌や文章を著作・編集する意味ですが、「杜」の由来は諸説あります。一つは、宋代の詩人である杜默《ともく》が作った詩の多くが音律に合わなかったからというものです。他には道家の書を編集した杜光庭を指すなど、「杜」を人名とする説が多く見られます。

12 仕事で使う漢字④

次の——線部の読み方を書きましょう。

学習日　月　日

正答数　／30

❶ **廉価**版を発売する。

❷ 連絡を**失念**する。

❸ 先日のミスを**相殺**する快挙。

❹ 支店に**左遷**される。

❺ **暫時**の猶予を願う。

❻ 企画の実現に**奔走**する。

❼ お客様を**慮る**必要がある。

❽ 市場の**寡占**化が進む。

❾ **遺漏**のないように努める。

❿ **渉外**部に勤務する。

⓫ 他企業に分析を**委嘱**する。

⓬ **帳簿**が合わない。

⓭ 業績が**漸次**回復する。

⓮ 大企業**御用達**の手みやげ。

❶ 値段が安いこと。
❷ うっかり忘れること。
❸ 差引ゼロにすること。
❹ 低い官職・地位に落とすこと。
❺ しばらく。
❻ かけまわって努力すること。
❼ 深く考える。
❽ 少数の供給者が市場の大部分を支配すること。
❾ 手抜かりのあること。
❿ 外部と連絡・交渉すること。
⓫ 仕事を他の人に任せ頼むこと。
⓬ 金銭の収支などを記入する帳面。
⓭ だんだん。
⓮ 官庁などに商品を納入すること。
⓯ 厳しくせめること。
⓰ はりつけること。
⓱ 何よりのしあわせ。
⓲ 無作法。
⓳ きずつける。
⓴ 手紙で宛名に添えて書く言葉。
㉑ やっとのことで。
㉒ 自分を指して使う謙称。
㉓ 他人の親切な心の尊敬語。
㉔ 強くはげますこと。
㉕ 厚い親しみの気持ち。

⑮ **譴責**を受ける。

⑯ 切手を**貼付**する。

⑰ **幸甚**に存じます。

⑱ **不躾**な質問を繰り返す。

⑲ 受賞式の末席を**汚**す。

⑳ ○○先生**机下**。

㉑ **漸**く交渉が成立した。

㉒ **小生**も元気です。

㉓ **御芳志**を賜る。

㉔ よろしくご**鞭撻**ください。

㉕ 長年の御**厚誼**に感謝する。

㉖ **僭越**な振る舞いをする。

㉗ 御**査収**ください。

㉘ **当該**官庁を訪問する。

㉙ **架電**の件を確認する。

㉚ **敷衍**して伝える。

㉖出過ぎたことをすること。
㉗よくしらべて受け取ること。
㉘関係があること。
㉙電話をかけること。
㉚詳しく説明すること。

ワンポイント

㉖僭越は、何か大きなことをするときの謙遜の気持ちをあらわす言葉として「僭越ながら～」のように使われることがあります。
㉚敷衍の「敷」はしく、「衍」はのべるの意味であり、「おしひろげること」の意味でも使われます。

13 同音異義語・同訓異字①

次の――線部を漢字で書きましょう。

❶ 失礼な態度を**ヒナン**する。

❷ 災害時の**ヒナン**場所を確認する。

❸ 天然資源が**ホウフ**な国。

❹ 新年の**ホウフ**を述べる。

❺ スーツを**シンチョウ**する。

❻ 意味**シンチョウ**な発言だった。

❼ 交渉を**シンチョウ**に進める。

❽ **イゼン**に会ったことがある人。

❾ **イゼン**として売上が低迷している。

❿ **カクシン**を突いた質問をする。

⓫ 優勝を**カクシン**して喜ぶ。

⓬ 技術の**カクシン**に対応する。

⓭ 机の上を**トトノ**える。

⓮ 費用を**トトノ**える。

❶ 欠点などを責めとがめること。
❷ 災難をさけて別のところにのがれること。
❸ たっぷりあること。
❹ 心の中にいだき持っている決意や計画。
❺ 衣服などを新しく作ること。
❻ 含みが多いこと。
❼ 注意深いこと。
❽ むかし。
❾ もとのままであるさま。
❿ 物事の中心となる大切なところ。
⓫ かたくしんじること。
⓬ 古くからの体制などを変えて新しくすること。
⓭ 乱れのないきちんとした状態にすること。
⓮ 準備する。
⓯ 役割を果たす。
⓰ 仕事に従事する。
⓱ できるように尽力する。
⓲ 自由にすること。
⓳ 出入りの自由を許すこと。
⓴ 病人やけが人の世話をすること。
㉑ 全力を尽くしてよく戦うこと。
㉒ めあて。見通し。
㉓ おこない。

学習日　月　日

正答数　／30

⑮ 今年から部長を**ツト**める。

⑯ 同じ会社に長年**ツト**める。

⑰ 売上アップに**ツト**める。

⑱ 人質を**カイホウ**する。

⑲ 学校施設を**カイホウ**する。

⑳ 倒れている人を**カイホウ**する。

㉑ 両チームの**ケントウ**を祈る。

㉒ どこに行ったか**ケントウ**もつかない。

㉓ 違反**コウイ**を指摘する。

㉔ 先輩に**コウイ**を抱く。

㉕ **コウイ**室で着替えを済ませる。

㉖ 日頃のご**コウイ**に感謝します。

㉗ **セイサン**性を上げよう。

㉘ **セイサン**な光景。

㉙ 借金を**セイサン**する。

㉚ 売上を倍にする**セイサン**がある。

㉔ 親しみの気持ち。
㉕ 衣服を着替えること。
㉖ 思いやりのある心。
㉗ 生活に必要なものを作り出すこと。
㉘ 目をそむけたくなるほど、むごたらしいこと。
㉙ 貸し借りを整理して始末をつけること。
㉚ 成功するという見通し。

ワンポイント

㉒のケントウは、おおよその数量を示すときにも使われ、「20人ケントウ」などと使われることもあります。

14 同音異義語・同訓異字②

次の――線部を漢字で書きましょう。

学習日　月　日

正答数　／30

❶ **アツ**い支援を受ける。

❷ 真夏の車内は**アツ**い。

❸ **アツ**い飲み物を注文する。

❹ 災害に**ソナ**える。

❺ 墓前に花を**ソナ**える。

❻ アンケート用紙が**ヤブ**れる。

❼ 試合の初戦で**ヤブ**れる。

❽ 不幸に**ツ**ぐ不幸に見舞われる。

❾ 家業を**ツ**ぐ決意をする。

❿ すべての日本人に**ツ**ぐ。

⓫ パソコンの操作を**アヤマ**る。

⓬ ミスをしたことを**アヤマ**る。

⓭ フェーン**ゲンショウ**による記録的な高温。

⓮ 人口**ゲンショウ**が大きな問題となる。

---

❶ 恩恵などの程度がはなはだしい。
❷ 気温や体温などが高いと感じる。
❸ 物質の温度が著しく高いと感じる。
❹ 用意をする。
❺ ものをささげる。
❻ 裂ける。やぶける。
❼ 負ける。
❽ すぐあとに続く。
❾ 受けつぐ。
❿ 知らせる。
⓫ 判断ややり方を間違う。
⓬ わびる。
⓭ 意識にあらわれるあらゆる事実。
⓮ 数量などが少なくなること。
⓯ どこまでもおいもとめること。
⓰ 責任などをどこまでも責めること。
⓱ 学問などをどこまでも明らかにしようとすること。
⓲ 文字のあやまりをくらべてただすこと。
⓳ 要素を組み立てて一つのものにすること。
⓴ 健康で豊かなものにすること。
㉑ あとの時代。
㉒ 攻めかかるいきおい。
㉓ プロセス。
㉔ 学習範囲の内容と順序。

⑮ 利益を**ツイキュウ**する。

⑯ 犯人を**ツイキュウ**する。

⑰ 学問を**ツイキュウ**する。

⑱ 印刷物を**コウセイ**する。

⑲ 多様なメンバーで**コウセイ**される組織。

⑳ **コウセイ**労働省で仕事をする。

㉑ **コウセイ**に名を残す。

㉒ 同じ地域に出店**コウセイ**をかける。

㉓ 子どもの成長**カテイ**を記録する。

㉔ 大学の博士**カテイ**を修了する。

㉕ **ガイトウ**でチラシを配る。

㉖ **ガイトウ**する箇所を削除してください。

㉗ 法律で差別を**キセイ**する。

㉘ お盆休みで**キセイ**する人々。

㉙ **キセイ**品のスーツを着る。

㉚ 昆虫に**キセイ**する生物。

㉕まちの路上。

㉖条件にあてはまること。

㉗規則によって正しくあらためること。

㉘故郷に帰ること。

㉙前もってつくってあること。

㉚生物が他の生物体に依存して生きること。

ワンポイント

❶のアツいには、「物の幅が大きい」「解決しにくい障害がある」「裕福である」などの意味もあります。

㉘キセイの「セイ」には「親の安否を問う」という意味があります。

15 同音異義語・同訓異字③

次の——線部を漢字で書きましょう。

❶ ゴミを**シュウシュウ**する。

❷ 事態の**シュウシュウ**がつかない。

❸ **シュウセイ**の師と仰ぐ人物。

❹ 誤字を**シュウセイ**する。

❺ 動物の面白い**シュウセイ**。

❻ **ゼッコウ**のチャンスを迎える。

❼ 友人と**ゼッコウ**する。

❽ 社会**ホショウ**の制度を整える。

❾ 保険で修理費を**ホショウ**する。

❿ 身の安全を**ホショウ**する。

⓫ 効果を**サイダイ**化させる仕組み。

⓬ **サイダイ**漏らさず説明する。

⓭ **ショヨウ**のため休暇を取る。

⓮ **ショヨウ**時間を確認する。

❶ 取りあつめること。
❷ 混乱した物事などを取りまとめること。
❸ 生命のおわるまでの間。
❹ 直してただしくする。
❺ 習慣によって作られたくせ。
❻ 物事をするのに都合がよいこと。
❼ 交際を絶つこと。
❽ 保護して守ること。
❾ 損害などをつぐなうこと。
❿ 確かであると請け合うこと。
⓫ もっともおおきいこと。
⓬ こまかなことと、おおきいこと。
⓭ 用事。
⓮ 必要とするもの。
⓯ 学問を自分のものにする。
⓰ 受け取り手に差し出す。
⓱ 片付ける。
⓲ 統治する。
⓳ ある土地の、長期間にわたる気象の状態。
⓴ 船が途中の港に立ちよること。
㉑ 旅行の感想などを書いた文章。
㉒ 大きな工事に取りかかること。
㉓ 地位・職務などが変わること。
㉔ うごかして位置を変えること。

学習日　月　日

正答数　／30

⑮ 大学で哲学を**オサ**める。

⑯ 税金を**オサ**める義務。

⑰ 食器棚に皿を**オサ**める。

⑱ 一国を**オサ**める大統領。

⑲ 湿気の多い**キコウ**。

⑳ 外国船が**キコウ**する。

㉑ 旅行雑誌の**キコウ**文を読む。

㉒ 五年前に**キコウ**した建物。

㉓ 人事**イドウ**で転勤することになる。

㉔ ソファーを**イドウ**させた。

㉕ **タイショウ**的な性格の親子。

㉖ 管理職を**タイショウ**とする研修。

㉗ 左右**タイショウ**に配置された柱。

㉘ 特定の会社に便宜を**ハカ**る。

㉙ 告白のタイミングを**ハカ**る。

㉚ 小包の重さを**ハカ**る。

㉕コントラスト。
㉖目標となるもの。
㉗対応して釣り合っていること。
㉘物事を実現しようと方策を考え出す。
㉙数量や程度を調べてあらわす。
㉚重さなどを測定する。

ワンポイント

「間違っているものを直す」❹シュウセイに対して、「写真などをより美しくなるように直すこと」を修整といいます。

16 同音異義語・同訓異字④

次の――線部を漢字で書きましょう。

❶ 故人のイシを引き継ぐ。

❷ 反対のイシ表示をする。

❸ イシ薄弱な性格で決断できない。

❹ 面接で質問にコタえる。

❺ 顧客のニーズにコタえる。

❻ 集合写真を撮りナオす。

❼ 入院して病気をナオす。

❽ 遠くの山々をノゾむ。

❾ 練習を重ねて試合にノゾむ。

❿ 配送中に食品がイタむ。

⓫ 朝から腰がイタむ。

⓬ 黒板の文字を書きウツす。

⓭ 住民票を北海道にウツす。

⓮ スクリーンに動画をウツす。

❶ 故人の生前のこころざし。
❷ 気持ち。
❸ なしとげようとする心。
❹ 言葉を返す。
❺ 働きかけに対しておうずる。
❻ 間違いなどを正常にもどす。
❼ 病気などを回復させる。
❽ 遠くからながめる。
❾ 催しに出席する。事態などに直面する。
❿ 物が損なわれる。
⓫ 体に苦痛を感じる。
⓬ 文字などを書き取る。
⓭ 別のところに動かす。
⓮ 投影する。
⓯ 普通とは違った状態。
⓰ 正常でないこと。
⓱ 新しく作ること。
⓲ 見たり聞いたりしていないことについて、頭の中に思い浮かべること。
⓳ 時が経過する。
⓴ 連絡が途中でとだえる。
㉑ 続いてきた物事を終わらせる。
㉒ 布や紙などを寸法に合わせて切る。
㉓ ききめがある。
㉔ 音・声を耳で感じとる。

学習日 月 日

正答数 /30

⑮ 健康診断で**イジョウ**が認められた。

⑯ **イジョウ**なまでに暑い日。

⑰ キリスト教の天地**ソウゾウ**。

⑱ **ソウゾウ**を絶する被害を受けた。

⑲ 卒業から二十五年**タ**つ。

⑳ 冬山で消息を**タ**つ。

㉑ 水道の供給を**タ**つ。

㉒ 型に合わせて布地を**タ**つ。

㉓ 頭痛薬が**キ**く。

㉔ アーティストの新曲を**キ**く。

㉕ 機転が**キ**く人になりたい。

㉖ 部下に**ヤサ**しい声を掛ける。

㉗ **ヤサ**しい問題ばかりのテスト。

㉘ **コウエン**で子どもと遊ぶ。

㉙ 人気タレントの**コウエン**会に参加する。

㉚ 企業が**コウエン**するスポーツ大会。

㉕ 有効にはたらく。
㉖ 態度に思いやりの心がこもっているさま。
㉗ 簡単である。
㉘ 公共の庭園・遊び場。
㉙ 大勢の人の前で話をすること。
㉚ うしろだてとなること。

ワンポイント

❾ノゾむには「ある場所に面する」「統治者として人々に対する」などの意味もあります。
㉖ヤサしいは「痩せる」に由来する言葉であり、「恥ずかしい」「控えめである」「優美で風情がある」などの意味があります。

17 送りがな①

次の——線部を漢字と送りがなで書きましょう。

❶ 貴重な時間を**ツイヤス**。

❷ 岩が道の通行を**サマタゲル**。

❸ 怒りの感情を**オサエル**。

❹ 定年で職務から**シリゾク**。

❺ 作家の記念館を**オトズレル**。

❻ 余計な一言は**ツツシム**べきだ。

❼ **ムズカシイ**哲学書を読む。

❽ 壁を乗り越えようと**ココロミル**。

❾ **タダチニ**安全な場所に逃げる。

❿ 依頼を**ココロヨク**引き受ける。

⓫ 待望の子どもを**サズカル**。

⓬ お年寄りを**ウヤマウ**。

⓭ 借りた畑を**タガヤス**。

⓮ 三人の子どもを**ヤシナウ**。

❶ 使ってなくす。
❷ じゃまをする。
❸ 封じ止める。
❹ 身を引く。
❺ たずねる。
❻ 控える。
❼ 容易には解決できない、理解できない。
❽ ためしてみる。
❾ すぐに。
❿ 気持ちよく。
⓫ 神仏や目上の人から貴重なものを与えられる。
⓬ 尊んで礼を尽くす。
⓭ 作物を植えるために田畑を掘り返す。
⓮ 面倒をみながら育てる。
⓯ 害する。
⓰ 見せかける。
⓱ よくする。
⓲ 安全を保てないおそれがある。
⓳ したがえて行く。
⓴ 勢い・力などが弱くなる。
㉑ 先方へ持っていく。
㉒ 考えや気持ちなどを人に告げる。
㉓ 調べたり聞いたりして物事をはっきりさせる。

学習日 月 日

正答数 /30

⑮ 夜更かしは健康を**ソコネル**。

⑯ 勝利にも無関心を**ヨソオウ**。

⑰ 注意を受けて態度を**アラタメル**。

⑱ 遊泳禁止場所で泳ぐのは**アブナイ**。

⑲ 軍勢を**ヒキイル**武将。

⑳ 気力が**オトロエル**。

㉑ 書類をお客様に**トドケル**。

㉒ 市民に政策を**ウッタエル**。

㉓ 予約の人数を**タシカメル**。

㉔ 施設からの脱走を**クワダテル**。

㉕ 白い雲が空に**タダヨウ**。

㉖ 息を殺して物陰に**ヒソム**。

㉗ 縁起を**カツグ**ためカツを食べる。

㉘ 事前予約を**ウケタマワル**。

㉙ 母校の前を通り**スギル**。

㉚ 同じものを食べて栄養が**カタヨル**。

㉔ 計画する。
㉕ 浮かんでゆらゆらする。
㉖ ひそかに隠れている。
㉗ 縁起を気にする。
㉘ お受けする。
㉙ 通り越す。
㉚ 一方に寄って均衡を失う。

ワンポイント

❹シリゾクには「後ろに下がる」「退出する」という意味もあります。
❺オトズレルには、「音を立てる」「時期などがやってくる」「便りをする」という意味もあります。㉗カツグには「肩にかけて支える」「まつり上げる」「からかって人をだます」という意味もあります。

18 送りがな②

次の——線部を漢字と送りがなで書きましょう。

❶ 自分の間違いを**ミトメル**。

❷ **フタタビ**舞台に復帰する。

❸ 特別な任務に**タズサワル**。

❹ **キワメテ**重要な指摘をする。

❺ 自動車のハンドルを**ニギル**。

❻ せっかくの提案を**コトワル**。

❼ 近所に住む**ホガラカ**な人。

❽ 運動をすると気持ちが**マギレル**。

❾ 家族で新年を**ムカエル**。

❿ **スコヤカ**な成長を願う行事。

⓫ 作家が新作を**アラワス**。

⓬ 小さな用事で先輩を**ワズラワス**。

⓭ **ナゴヤカ**な雰囲気で会話をした。

⓮ 栄養素をサプリメントで**オギナウ**。

❶ 肯定する。
❷ もう一度。
❸ かかわる。
❹ この上なく。
❺ 手の指を曲げて固める。
❻ 拒絶する。
❼ 心が明るくて楽しげなさま。
❽ 他のことに心が移ってわだかまりなどを忘れる。
❾ 時間が経過して、ある時期を目前にする。
❿ 体が丈夫なさま。
⓫ 書物などを書く。
⓬ 面倒をかける。
⓭ 気分がやわらいでいるさま。
⓮ 不足をみたす。
⓯ 同時に起こる。
⓰ もうたくさんだと思う。
⓱ 好ましくない状態にはまる。
⓲ 時間をかけずに行うさま。
⓳ 十分にみのる。
⓴ 神仏などに向かって礼をする。
㉑ 小さい。未熟である。
㉒ 抵抗する。
㉓ 好都合である。
㉔ 長さが小さい。

学習日　月　日

正答数　／30

⑮ リスクを**トモナウ**作業だ。

⑯ **アキル**まで同じ絵を見る。

⑰ 思わぬ苦境に**オチイル**。

⑱ 決定しだい**スミヤカ**に連絡します。

⑲ 果物が**ウレル**。

⑳ 初日の出を**オガム**。

㉑ **オサナイ**頃の思い出を語る。

㉒ 世の中の風潮に**サカラウ**。

㉓ ご連絡をいただけると**サイワイ**です。

㉔ 人の一生は**ミジカイ**。

㉕ **オダヤカ**な気候の街。

㉖ **コマカイ**作業を得意とする。

㉗ 砂糖にアリが**ムラガル**。

㉘ 口は**ワザワイ**の元という。

㉙ **イキオイ**よく坂を駆け下りる。

㉚ **キビシイ**訓練に耐える。

㉕ しずかなさま。
㉖ 小さい。
㉗ 一カ所に寄り集まる。
㉘ 人を不幸にする出来事。
㉙ 他を圧倒する力。
㉚ 容赦がない。

ワンポイント

❻コトワルには、「物事の筋道をはっきりさせる」「相手に事前に予告する」「言いわけをする」という意味もあります。
❽マギレルには、「他の物にまじって区別がつかなくなる」「混乱する」という意味もあります。

19 慣用句・ことわざ①

次の——部を漢字で書きましょう。

❶ シャに構えた態度を取る。

❷ カホウは寝て待てというからあわてるな。

❸ 渡りにフネといわんばかりに飛びつく。

❹ 粘り強さでは彼女にグンバイが上がる。

❺ 二度とするなとクギを刺す。

❻ 雨後のタケノコのように会社ができる。

❼ ジュウバコの隅をつつくような指摘。

❽ 上司にコビを売っている人。

❾ 組織の再建にシュワンを振るう。

❿ ザユウの銘を色紙に書く。

⓫ あらかじめゲンチを取っているから大丈夫。

⓬ ゲームにウツツを抜かす。

⓭ 会社のメイウンをかけたプロジェクト。

⓮ 彼の企画にはイチジツの長《ちょう》がある。

---

❶ まともに対応せず、皮肉やからかいの態度で臨む。
❷ 焦らないで待てば幸運は必ずやってくるということ。
❸ 何かをしようとするとき、都合よく条件が整うこと。
❹ 勝敗が決まる。特に勝利を示す。
❺ あとで約束を破らないように、あらかじめ念を押す。
❻ 物事が次々とあらわれ出ることのたとえ。
❼ ささいなことまで口出しをすることのたとえ。
❽ へつらうこと。
❾ 物事をうまく処理していく。
❿ 常に身近において自分の戒めとする格言。
⓫ 後の証拠となる言葉を取る。
⓬ 心を奪われる。
⓭ 存亡・盛衰をかける。
⓮ 経験・技能が少し優れていること。
⓯ 意外なことに出あって驚きあきれる。
⓰ 五つより多い。
⓱ 人間関係で穏やかでなくなる。
⓲ 苦しまぎれに考え出した策。
⓳ きわだって見える。
⓴ 常識外れなことをする。

学習日　月　日

正答数　／30

⑮ 突然のことに**アッケに取られる。**

⑯ 好きな選手を数えると**ゴシに余る。**

⑰ いちいち**カドが立つ**言い方をする人。

⑱ **クニクの策**で売上を上げる。

⑲ 彼女の態度は**イサイを放っている。**

⑳ **ジョウキを逸した**行動を繰り返す。

㉑ **三人寄ればモンジュの知恵**でアイデアが出た。

㉒ **サイゲツ人を待たず。**

㉓ 経営に**アンウンが垂れ込める。**

㉔ 物語が**カキョウに入る。**

㉕ これまでの積み重ねが**スイホウに帰した。**

㉖ 社長が会長に**インドウを渡した。**

㉗ **コキミがいい**動きを見せる。

㉘ またしても**クジュウをなめる。**

㉙ **ウムを言わせず**勉強をさせる。

㉚ 鰻の**ネドコ**のようなお店。

㉑ 凡人でも三人集まって相談すればよい知恵が出るものだということ。
㉒ 年月は人の都合にかかわらず過ぎ去ってしまうものだ。
㉓ 不安な情勢になる。
㉔ 最も興味深い部分になる。
㉕ 努力のかいもなく無駄に終わる。
㉖ 最終的な宣告をしてあきらめさせること。
㉗ 物事の行われ方があざやかであること。
㉘ つらい思いをする。
㉙ むりやりに。
㉚ 間口が狭くて奥行きが長い建物などのたとえ。

ワンポイント

❹グンバイは「グンバイ団扇」の略で、戦国時代に武将が軍を指揮するときに使ったものです。現代では相撲の行司が使用しており、勝った力士のほうに上げることから、この慣用句が使われています。

20 慣用句・ことわざ②

次の——部を漢字で書きましょう。

学習日　月　日

正答数　／30

❶ ゼンは急げだ。すぐ取り組もう。

❷ 新製品がキャッコウを浴びる。

❸ 部下をアトガマに据える。

❹ 組織のウミを出す必要がある。

❺ ゴタブンにもれず不況にあえぐ。

❻ 待てばカイロの日和ありだ。

❼ カチュウの栗を拾うに等しい行為。

❽ うまくいったのはケガの功名だ。

❾ ツルの一声でヒロインが決まる。

❿ ハチクの勢いで勝ち進む。

⓫ 対応がことごとくゴテに回る。

⓬ ケッソウを変えて飛び込んでくる。

⓭ 来場者数にゲタを履かせる。

⓮ 試合に勝ってウチョウテンになる。

❶ よいことをするのにためらうなということ。
❷ 社会の注目の的となる。
❸ 後任者につける。
❹ 弊害を出すものを取り除く。
❺ 例外ではなく。
❻ あせらずに待っていれば、そのうち幸運が訪れること。
❼ 他人の利益のために危険をおかすことのたとえ。
❽ 過失だと思われたことが、思いがけずよい結果をもたらすこと。
❾ 周りの人を従わせる権力者の一言。
❿ 激しくとどめることができない勢い。
⓫ 相手に先を越され、受け身の立場に立たされる。
⓬ 顔色を変える。
⓭ 物事を実際より多く見せる。
⓮ 得意になっている様子。
⓯ 考えあぐむ。
⓰ 非常に大きな違い。
⓱ 激しく怒っているさま。
⓲ 物事に熱中して、ねることもたべることも忘れる。
⓳ ついむだ遣いをする。
⓴ どちらが優れているか判断が難し

⑮ どうしようかと**シアンに暮れる**。

⑯ 社会人と学生では**ウンデイの差**がある。

⑰ **アオスジを立てて**どなる人。

⑱ **シンショクを忘れて**研究を続ける。

⑲ 連休中は**財布のヒモが緩む**。

⑳ **コウオツつけがたい**二人の選手。

㉑ 本業と副業の**二足のワラジを履く**。

㉒ **血と汗のケッショウ**といえる大作。

㉓ 政治家が違法献金で**シフクを肥やす**。

㉔ **ナガチョウバ**のレースを制したレーサー。

㉕ 後輩に**ニえ湯を飲まされる**。

㉖ **サンビョウシ揃った**プロ野球選手。

㉗ あまりに無礼で**怒りシントウに発する**。

㉘ これからの成長を占う**シキンセキ**。

㉙ 予備のストックが**ソコを突いた**。

㉚ 彼の包丁さばきには**ネンキが入っている**。

い。

㉑両立が難しい二つの職業を兼ねること。

㉒大変な苦労をして、やっと得られた成果。

㉓公的な立場を利用して自分の財産をふやす。

㉔長い時間がかかる物事。

㉕信頼していた人に裏切られてひどい目にあう。

㉖すべての条件が備わる。

㉗激しく怒る。

㉘価値や能力などを判断するために行う物事。

㉙たくわえていたものがなくなる。

㉚長年の修練を積んで、熟達している。

ワンポイント

⑭ウチョウテンは仏教で三界(欲界・色界・無色界)の最上位を意味しており、そこから大得意になっている様子をあらわすようになりました。

21 慣用句・ことわざ③

学習日　月　日

正答数　/30

次の――部を漢字で書きましょう。

❶ ダンチョウの思いで決断をする。

❷ 上京した当時とはカクセイの感がある。

❸ 口がスっぱくなるほど注意する。

❹ いつもの話し方で私たちをケムに巻いた。

❺ 言葉のアヤで問題が大きくなった。

❻ シセイを正して業務に取り組む。

❼ あまりの形相にシッポを巻いて逃げ出す。

❽ 長かった争いにシュウシフを打つ。

❾ 試験合格をめぐりショウネンバを迎える。

❿ 売上のチョウジリを合わせる。

⓫ トッピョウシもない発言で場が凍りつく。

⓬ 社長が企業買収にショクシを動かす。

⓭ 褒められてソウゴウを崩す。

⓮ 自分のことをタナに上げる。

❶ はらわたがちぎれるほどの悲しみ。
❷ 世の中が激しく変化したということ。
❸ 同じ言葉を何度も繰り返すさま。
❹ 大げさなことをまくしたてて相手をとまどわせる。
❺ 多様に解釈できるような複雑な表現。
❻ 物事の取り組み方をあらためる。
❼ 降参する。
❽ 決着をつける。
❾ 物事の成否にかかわる大事な場面。
❿ 物事のつじつまを合わせる。
⓫ なみはずれている。
⓬ 自分のものにしたいという気になる。
⓭ 顔をほころばせて大いに喜ぶさま。
⓮ 不都合なことにはふれないで、そのままにしておく。
⓯ 多くの人に使い古されたさま。
⓰ なだれが起こるように、多くの人などが一度に動くこと。
⓱ 勝利を決定的にする。
⓲ 普通の方法。
⓳ 世間に対する名誉を保つ。
⓴ 非常に驚かせる。
㉑ いざというときに使う、とってお

⑮ それは**テアカのついた**アイデアだ。

⑯ **ナダレを打って**全員が賛成に回った。

⑰ 主砲のホームランで**ダメを押す**。

⑱ この問題は**ヒトスジナワ**ではいかない。

⑲ 試合に勝利し**メンボクを保つ**。

⑳ 斬新な企画で**ドギモを抜いた**。

㉑ 首相が**デンカの宝刀**を抜くらしい。

㉒ 試験に合格したので**テングになる**。

㉓ 試験官の**情けヨウシャもない**対応。

㉔ 失業で**ナラクの底**に突き落とされる。

㉕ 故郷に**ニシキを飾る**ときが来た。

㉖ 開発が温暖化に**ハクシャをかけている**。

㉗ 一見すると何の**ヘンテツもない**店。

㉘ **バンナンを排して**結婚式に出席する。

㉙ 事故防止を**ネントウに置いて**行動しよう。

㉚ **ハイスイの陣**でプロジェクトに取り組む。

きの手段。
㉒いい気になって自慢する。
㉓非常にきびしい。
㉔どん底状態。
㉕立身出世して故郷に帰る。
㉖物事の進行を一段と早める。
㉗平凡である。
㉘あらゆる犠牲を払っても。
㉙覚えていて心にかける。
㉚せっぱつまった立場で事にあたること。

ワンポイント

⑰ダメは囲碁で最終的にどちらの地にも属さない目のこと。そこまで石を詰めて置くことから、「念を押す」という意味になり、スポーツなどでも勝利を決定的にするという意味で使われるようになりました。

22 慣用句・ことわざ④

学習日　月　日
正答数　／30

次の——線部の読み方を書きましょう。

❶ 阿吽の呼吸で荷物を運ぶ。

❷ 先生の謦咳に接する。

❸ 委細構わず進めていく。

❹ 一人だけ蚊帳の外に置かれる。

❺ 後輩に一縷の望みを託す。

❻ 人目を憚って涙をこらえる。

❼ 三顧の礼で役員を迎え入れる。

❽ 政治家が襟を正すことが大事だ。

❾ 次期党首の下馬評に上がる政治家。

❿ しょせん彼らは同じ穴の狢だ。

⓫ 芸術に造詣が深い人。

⓬ 彼の退職は青天の霹靂だった。

⓭ パーティー会場は立錐の余地もない。

⓮ 堰を切ったようにおしゃべりを始める。

❶二人以上が一緒に物事をするときのお互いの調子や気持ち。それが一致すること。
❷尊敬する人の話を直接聞く。
❸事情がどうかにかかわらず。
❹当事者ではない離れた立場。
❺わずかな望み。
❻他人に見られないように心をくばる。
❼目上の人が優秀な人材を迎えるときに礼を尽くすこと。
❽気持ちを引き締める。
❾世間で評判にされること。
❿同類であることのたとえ。よくないことをする人にいう。
⓫知識や理解が優れていること。
⓬突然起こる大事件。
⓭非常に混雑していること。
⓮押さえていたものが、どっと動き出すさま。
⓯規律も統制もない群衆、または兵隊。
⓰見通しが立たない。
⓱前人の事業などを受けつぐこと。
⓲目立った行動を始める。
⓳広く人々の話題になる。
⓴激しく地面を踏んで悔しがる。

⑮ 相手は**烏合の衆**だから恐れるな。

⑯ 彼女の才能には**端倪すべからざる**ものがある。

⑰ 師匠の**衣鉢を継ぐ**演技。

⑱ ついに反撃の**狼煙を上げる**。

⑲ 漱石の作品は**人口に膾炙している**。

⑳ ゲームに負けて**地団駄を踏む**。

㉑ 父親の**逆鱗に触れる**。

㉒ スター選手たちが**綺羅星のごとく**並んでいる。

㉓ **固唾を呑んで**見守る。

㉔ 事業再建に**大鉈を振るう**。

㉕ **啖呵を切って**家を飛び出す。

㉖ **胸襟を開いて**話し合おう。

㉗ **忌憚のない**意見をお願いします。

㉘ 宿命のライバルと**鎬を削る**。

㉙ わが社は他社の**後塵を拝して**いる。

㉚ 行列に割り込みをして**顰蹙を買う**。

㉑ 目上の人を激しく怒らせる。
㉒ 美しくきらびやかなさまが輝く星のようである。
㉓ 緊張して成り行きを見守る。
㉔ 思い切って省略・処理すること。
㉕ 歯切れのいい言葉でまくしたてる。
㉖ 心の中を打ち明ける。
㉗ 遠慮のない。
㉘ 激しく争う。
㉙ おくれを取る。
㉚ 嫌われるような行動をして軽蔑される。

ワンポイント

❼三顧の礼は、中国の三国時代に蜀の劉備が、諸葛亮を軍師に迎えるため三度も訪ねて、やっと承諾を得たという故事に基づく言い回しです。

❾下馬評は、昔、下馬先《げばさき》で主人を待っている間に、供の者たちが し合う批評やうわさ話が由来の言葉です。

㉑逆鱗は竜ののどの下にある逆さのうろこで、人が触れると怒って殺すという「韓非子」の故事からきており、竜は天子をたとえています。

23 慣用句・ことわざ⑤

次の――線部の読み方を書きましょう。

❶ 戦火により灰燼に帰《き》した。

❷ 寸暇を惜しむように参考書を読む。

❸ 景気悪化で閑古鳥が鳴いている。

❹ 踵を返してすぐに帰宅する。

❺ 年長者として沽券にかかわる問題だ。

❻ 懸案の議題を俎上に載せる。

❼ 長年の仲間と袂を分かつ。

❽ 犯人に逃げられ臍を噛む。

❾ 監督が選手に檄を飛ばす。

❿ 近所の銭湯がいよいよ暖簾を下ろした。

⓫ 病状が悪化し、医者も匙を投げる。

⓬ チームのいざこざに手を拱いている。

⓭ 何度注意しても糠に釘だ。

⓮ 完膚なきまで叩きのめす。

❶ あとかたもなく焼けてしまう。
❷ 休む間も惜しんで物事に取り組むさま。
❸ 客が来なくて商売がはやらないさま。
❹ 引き返す。
❺ 体面にさしさわりとなる。
❻ 批評などの対象に取り上げる。
❼ 関係を絶つ。
❽ どうにもならないことを後悔する。
❾ 元気がない人を激励する。
❿ 廃業する。
⓫ あきらめて見放す。
⓬ 何もしないでただ見ている。
⓭ 手応えがなく、ききめがない。
⓮ 徹底的に。
⓯ まったく気が休まらない、つらい場所。
⓰ 音沙汰のないこと。
⓱ 絶対に動かない。
⓲ 恩返しをするどころか、かえって相手の害になるようなことをする。
⓳ 大勢の人が熱狂する。
⓴ 取り越し苦労。
㉑ 損得を計算する。
㉒ いたずらに人まねをすること。
㉓ 無視する。

学習日　月　日

正答数　/30

⑮ **針の筵**に座らされているような日々。

⑯ メールを出しても**梨の礫**だ。

⑰ 一度決めたら**梃子でも動かない**。

⑱ それは**恩を仇で返す**ような行為だ。

⑲ 場内が興奮の**坩堝と化した**。

⑳ 心配したが**杞憂に終わった**。

㉑ インバウンド需要の**算盤を弾《はじ》く**。

㉒ **顰みに倣《なら》って**ＡＩを導入する。

㉓ 親の言うことを**歯牙にも掛けない**子ども。

㉔ 悪徳業者に**鉄槌を下す**。

㉕ 横柄な態度が**癇に障る**。

㉖ **間髪をいれず**に回答する。

㉗ 世界の**檜舞台**で活躍する若者。

㉘ **途轍もない**努力を重ねて成功した。

㉙ **二兎を追って**もうまくいくわけがない。

㉚ 酔っ払って**呂律が回らなくなる**。

㉔きびしい制裁を与える。
㉕腹立たしく思う。
㉖すぐさま。
㉗腕前を披露する晴れの場所。
㉘とんでもない。
㉙同時に二つのことをしようとすること。
㉚言葉がはっきりしないさま。

ワンポイント

❺沽券は、土地などの売り渡し証文の意味。そこから転じて、体面や品位などをあらわすようになりました。
㉖間髪をいれずは、間《あいだ》に髪の毛一本を入れるすきまもないことからできた言葉であり、もともとは事態が差し迫っていて、少しもゆとりのないことを指しました。間髪をいれずの「いれず」は「容れず」と書きますが、現在では「入れず」と書くことが多いです。間髪を置かずというのは誤用です。

24 四字熟語①

次の――部を漢字で書きましょう。

学習日　　月　　日

正答数　　／30

❶シンシンキエイの若手アーティスト。

❷タントウチョクニュウに質問する。

❸その計画を実行するのはジキショウソウだ。

❹シュウシイッカンして同じ主張を繰り返す。

❺無関係の人にセキニンテンカしてはいけない。

❻キドアイラクがはっきりしている性格。

❼ゼンダイミモンのスキャンダルが報じられる。

❽ヨウイシュウトウな準備をして臨む。

❾いきなりダイタンフテキな行動に出る。

❿食べ過ぎでお腹を壊したのはジゴウジトクだ。

⓫テストの結果にイッキイチユウする。

⓬ムガムチュウで練習を重ねる。

⓭イチネンホッキして司法試験合格を目指す。

⓮キショウテンケツがわかりやすい物語。

❶その分野にあたらしく進出し、意気込みがするどいこと。
❷前置きを抜きにして、すぐ問題の要点に入ること。
❸まだ、それを行うタイミングになっていないこと。
❹はじめからおわりまで、ずっと変わらないこと。
❺当然なさなければならないことを、他人になすりつけること。
❻よろこびと怒り、かなしみとたのしみ。さまざまな人間の感情。
❼これまで一度もきいたことがないこと。
❽万事が行き届いて、手抜かりがないこと。
❾度胸があって、物事に動じないこと。
❿自分が行った行為の報いを自分自身で受けること。
⓫状況が変化するたびによろこんだり心配したりすること。
⓬われを忘れるくらい一つのことに熱中すること。
⓭思い立って何かを成し遂げようと決心すること。
⓮漢詩、特に絶句の構成法。文章の順序や組み立て。
⓯きわめて短い時間。

⑮ **デンコウセッカ**の解散劇であった。

⑯ 誰もが**イクドウオン**に彼女を褒めた。

⑰ 名前を覚えるのに**シクハック**する。

⑱ チーム内に**フキョウワオン**が生じる。

⑲ **ユウメイムジツ**となっているルール。

⑳ 知らない土地で**ウオウサオウ**する。

㉑ **イッシンフラン**に仕事をして出世した。

㉒ **イッシンイッタイ**の病状を繰り返す。

㉓ **コウメイセイダイ**な社会を目指す。

㉔ **イチゴイチエ**の精神を大切にする。

㉕ **ジョウイカタツ**の組織を改革する。

㉖ 進むべき道を**ジモンジトウ**する。

㉗ 医学の進化は**ニッシンゲッポ**だ。

㉘ どちらの方法も**イッチョウイッタン**がある。

㉙ 社員が**イッシンドウタイ**となって仕事をする。

㉚ 子どもたちの個性は**センサバンベツ**だ。

---

⑯多くの人が口を揃えておなじことを言うこと。
⑰非常にくるしむこと。
⑱調和を乱すような関係。
⑲なばかりで実質がないこと。
⑳うろたえて、あちこち動き回ること。
㉑一つのことに集中し、ほかに気をそらされないこと。
㉒よくなったり悪くなったりすること。
㉓公平で堂々としていること。
㉔一生に一度の出あいを大切にして心を尽くすこと。
㉕高い役職の者の考えや命令を低い役職の者に伝えること。
㉖みずから問い、みずから解決すること。
㉗絶え間なくよい方に進み行くこと。
㉘よいところもあれば悪いところもあること。
㉙別々の人が一人の人のように強く結びつくこと。
㉚多くのものがそれぞれ違っていること。

ワンポイント

⑬イチネンホッキは仏語であり、もともとは「仏道に入って悟りを開こうと決心すること」という意味で使われる言葉です。

25 四字熟語②

次の――部を漢字で書きましょう。

学習日　月　日

正答数　／30

❶ どの発言も**ドウコウイキョク**だ。

❷ **ゼッタイゼツメイ**のピンチを迎える。

❸ **トウイソクミョウ**の発言で場を沸かせる。

❹ **ショウシンショウメイ**のフェルメール作品。

❺ **イッチョウイッセキ**に成長はできない。

❻ 試合に負けて**イキショウチン**する。

❼ 定年後に**セイコウウドク**の生活を送る。

❽ **カチョウフウゲツ**に親しむ日々を送る。

❾ **シンラバンショウ**に興味を持っている。

❿ **イシンデンシン**で作業をする職人。

⓫ 不平等を放置するとは**ゴンゴドウダン**だ。

⓬ **キシカイセイ**のゴールを決める。

⓭ **ヘイシンテイトウ**してお詫びをする。

⓮ 列に割り込む**コウガンムチ**な行動。

❶ 見た目は違っていても、内容はだいたいおなじであること。
❷ どうにも逃れようのない立場にあること。
❸ その場に適応して、すばやく機転をきかせること。
❹ うそいつわりのないこと。
❺ わずかな時間。
❻ 元気をなくして、しずみ込むこと。
❼ はれた日には畑をたがやし、あめの日には読書をすること。
❽ 自然界の美しい景色。
❾ 宇宙間に存在するすべてのもの。
❿ 言葉によらなくても互いに心につたわること。
⓫ とんでもないさま。もってのほか。
⓬ 絶望的な状態を立ち直らせること。
⓭ 体をかがめ、頭をひくく下げて恐れ入ること。
⓮ あつかましく、はじを知らない様子。
⓯ 一度思い込んでしまい、簡単に変えることができない考え。
⓰ すでに起きてしまい、変えられないことがら。
⓱ 用意に関するあらゆること。
⓲ きわめてあぶない状態。
⓳ 種類・性質がさまざまであること。

⓯ **コテイカンネン**に縛られてはいけない。

⓰ 交渉のために**キセイジジツ**を作る。

⓱ **ジュンビバンタン**が整い試験当日を迎える。

⓲ **キキイッパツ**のところで救助される。

⓳ **タシュタヨウ**な商品を取り揃える。

⓴ **ムイムサク**のまま廃業に追い込まれる。

㉑ 六十代で売れた**タイキバンセイ**の俳優。

㉒ **サイサンサイシ**出席を求める。

㉓ 締め切りに追われ**シチテンバットウ**する。

㉔ **キュウテンチョッカ**で交渉がまとまった。

㉕ **クウゼンゼツゴ**の超大作映画。

㉖ 低コストでも劣化したら**ホンマツテントウ**だ。

㉗ 英語での会話に**アクセンクトウ**する。

㉘ **キソウテンガイ**な発想で人々を驚かせる。

㉙ それはあまりに**ジダイサクゴ**の考えだ。

㉚ **シリメツレツ**な供述をする容疑者。

⓴ 何の手立てもせず、対処しないこと。
㉑ 優れた人は遅く大成すること。
㉒ 何度も何度も。
㉓ のたうち回って苦しむこと。
㉔ 急に形勢が変わって解決に向かうこと。
㉕ 過去に例がなく、将来にもないと思えるほどまれなさま。
㉖ 大切なことと些細なことを取り違えること。
㉗ くるしみながらも努力すること。
㉘ 普通の人は思いつかないような考え。
㉙ 古くさくて現代に適合しないこと。
㉚ ばらばらでまとまりがないこと。

ワンポイント

⓲ キキイッパツは韓愈《かんゆ》・与孟尚書書《もうしょうしょにあたうるしょ》の「其の危うきこと一髪の千鈞《せんきん》を引くが如し(髪の毛一本で千鈞の重さをつり上げるくらい危険だ)」という言葉に由来します。一鈞の重さは約7・7キログラムと推定されています。

26 四字熟語③

次の——線部の読み方を書きましょう。

❶ 試合に勝ち、**意気揚々**と帰宅する。

❷ **縦横無尽**にコートを駆け回る。

❸ 彼女は**豪放磊落**な性格の持ち主だ。

❹ **画竜点睛**を欠くとはこのことだ。

❺ 失業から**捲土重来**を期す。

❻ **唯唯諾諾**として先輩に従う。

❼ 事故で**人事不省**に陥る。

❽ **虚心坦懐**の気持ちで取り組む。

❾ **驚天動地**の出来事が起こった。

❿ 結果を出せず**切歯扼腕**する。

⓫ 犯罪グループを**一網打尽**にする。

⓬ **獅子奮迅**の活躍を見せる。

⓭ **侃侃諤諤**の議論をする。

⓮ **曖昧模糊**な発言を繰り返す。

学習日　月　日

正答数　／30

❶得意で誇りに満ちたさま。
❷自由自在。
❸細かなことにこだわらないこと。
❹物事を立派に完成させる最後の仕上げ。
❺一度敗れたものが再び勢いを盛り返すこと。
❻言いなりになるさま。
❼意識不明になること。
❽心にわだかまりがなく、さっぱりしていること。
❾世間をひどくおどろかすこと。
❿激しく怒り悔しがること。
⓫悪人などを一度に捕らえ尽くすこと。
⓬激しい勢いで物事に対処すること。
⓭大いに議論すること。
⓮物事がぼんやりしていること。
⓯ぜいたくできらびやかな様子。
⓰困難にあってもくじけないこと。
⓱大変な苦労をしてつとめはげむこと。
⓲人をだます巧みな手立て。
⓳落ち着いて物事に動じないさま。
⓴気取ったところがなく、無邪気なさま。
㉑表面では服従するように見せて、

⑮ **豪華絢爛**なパーティーに招かれた。

⑯ **不撓不屈**の精神でチャレンジする。

⑰ **刻苦勉励**して教授となった。

⑱ **手練手管**を使って当選を果たす。

⑲ **泰然自若**としてトラブルに対応する。

⑳ **天真爛漫**で人気のタレント。

㉑ **面従腹背**の部下に手こずる。

㉒ その意見は**牽強付会**もはなはだしい。

㉓ 間違いを指摘されて**周章狼狽**する。

㉔ 前例にこだわる**頑迷固陋**な人たち。

㉕ **毀誉褒貶**の激しい絵画作品だ。

㉖ **風光明媚**な街を旅する。

㉗ **隔靴掻痒**の感がある。

㉘ あまりに**荒唐無稽**なストーリー。

㉙ 予想外の出来事に**茫然自失**した。

㉚ **右顧左眄**して、いつまでも決断できない。

内心では反抗すること。
㉒ 自分に都合がいいように無理にこじつけること。
㉓ 大いにあわてふためくこと。
㉔ 古い考えに執着し、正しい判断ができないこと。
㉕ けなすこととほめること。
㉖ 景色が美しいこと。
㉗ 思うようにならず、もどかしいこと。
㉘ 言動がでたらめであること。
㉙ あっけにとられて、我を忘れてしまうこと。
㉚ 周囲をうかがってばかりいて、決断しないこと。

ワンポイント

❺捲土重来の捲土には「土煙を巻き上げること」という意味があり、一度敗退した軍勢が、土煙を巻き上げて再び反攻することから、転じて「一度失敗したものが巻き返す」という意味で使われるようになりました。

27 四字熟語④

学習日　　月　　日

正答数　　／30

次の——線部の読み方を書きましょう。

❶ **勧善懲悪**の小説を読む。

❷ **紆余曲折**を経て結婚を決断した。

❸ かつての名作を**換骨奪胎**する。

❹ うまくいくのか**半信半疑**で参加する。

❺ **疲労困憊**して眠りにつく。

❻ **艱難辛苦**を乗り越えて幸せな生活を送る。

❼ **天衣無縫**に振る舞う子どもたち。

---

❽ 起業のために**東奔西走**する。

❾ 党内の**綱紀粛正**を徹底する。

❿ **一蓮托生**で苦難を乗り越える。

⓫ **一気呵成**に論文を書き上げる。

⓬ **融通無碍**な考えで対処する。

⓭ 質問に答えられず、**無知蒙昧**をさらけ出す。

⓮ 加害者に**罵詈雑言**を浴びせる。

---

❶ 善行をすすめ、悪事をこらしめること。
❷ 事情が込みいっていること。
❸ 先人の詩文の表現法を借りながら独自の作品にすること。
❹ なかば信じ、なかば疑うこと。
❺ 疲れ果ててしまうこと。
❻ つらく苦しい思いをすること。
❼ 無邪気で純真なこと。
❽ ある仕事・目的のためにあちこち忙しくかけめぐること。
❾ 国家の規律を整え、政治家や役人の態度の乱れを正すこと。
❿ 善悪や結果にかかわらず、行動・運命をともにすること。
⓫ 物事を一気にやり遂げること。
⓬ 何のこだわりもなく、自由でのびのびしていること。
⓭ 知識がなく物事の道理を知らないこと。
⓮ 口汚くののしること。その言葉。
⓯ 仲間同士が励まし合って学徳をみがくこと。
⓰ 軽はずみな行動をすること。
⓱ 何でもないことまで疑わしく思え、不安になること。
⓲ 無責任なうわさ。
⓳ 自分の実力を知らずにいばること。

⑮ 友人同士で**切磋琢磨**する。

⑯ **軽挙妄動**はつつしんでほしい。

⑰ 彼に裏切られ**疑心暗鬼**に陥る。

⑱ ネット上に飛び交う**流言飛語**。

⑲ かつての私は**夜郎自大**でした。

⑳ 問題を**有耶無耶**にすべきではない。

㉑ **偕老同穴**の契りを結ぶ。

㉒ テロの現場は**阿鼻叫喚**だった。

㉓ **一攫千金**を夢見てくじを買う。

㉔ その人物は**不倶戴天**の敵である。

㉕ **猪突猛進**で目標に立ち向かう。

㉖ **虎視眈々**とリーダーの座を狙う。

㉗ **疾風怒濤**の時代を生きる。

㉘ **八面六臂**の大活躍をする。

㉙ **慇懃無礼**なメールの文面。

㉚ 政界は**魑魅魍魎**の世界。

---

⑳ いいかげんなこと。あやふや。
㉑ 夫婦が仲睦まじく連れ添うこと。
㉒ 悲惨な状況に陥ってわめき叫ぶこと。
㉓ 一度に巨額の利益を得ること。
㉔ 激しく憎むこと。
㉕ 猛烈な勢いで突き進むこと。
㉖ 油断なく機会をねらっているさま。
㉗ 強い風と荒波。物事が激しく変化すること。
㉘ 一人で数人分の働きをすること。
㉙ 表面は丁寧なようで、実は尊大なこと。
㉚ さまざまなばけもの。

ワンポイント

❼天衣無縫の「天衣」は天上界の人が着ている衣服のことであり、「無縫」は縫い目がないことを意味します。天人の衣服には人工の縫い目などがないように、文章や詩歌などに技巧のあとがなく、自然に完成していることをあらわし、人柄を形容するときにも使われます。

チャレンジ！

誤字を正そう

❶～㉚で誤っている漢字をそれぞれ１つ見つけ、正しく書き直しましょう。

❶ プロジェクトの成功は彼の壮肩にかかっている。

❷ 食品添化物の内容を確認する。

❸ 神社で家内安全を希願する。

❹ いじめの僕滅に向けて講演を行う。

❺ 偉厳のある肖像写真。

❻ 火事の炎焼被害を最小限に抑える。

❼ ボーナスが出て社員の士気が高揺した。

❽ 素牧な味わいのあるパン。

❾ 単絡的に犯行に及ぶ。

❿ 集中しようとすると凡悩が生じる。

⓫ 選挙運動を支縁する。

⓬ 自信過条な発言を繰り返す。

⓭ ゴミの不法倒棄が問題になる。

⓮ 野生のウサギが繁植している島。

⓯ 進路を坊害してはならない。

⓰ コストが上昇しているので検約に努める。

⓱ イベントの共賛企業を募る。

⓲ 東京タワーから富士山が頂望できる。

⓳ 法案の徹廃を求めてデモを行う。

⓴ 復数の先輩から助言を求める。

㉑ 友人と豪華な料理を漫喫した。

㉒ 厭生的な内容の物語。

㉓ 完壁な答案用紙を仕上げて提出する。

㉔ 前例に習って変化を受け入れない人。

㉕ 心から平和を喝望する。

㉖ 独断と編見で旅行先を決定する。

㉗ 鉄道の収得物の保管場所。

㉘ 研究の先駈者として世界に名を知られる。

㉙ 肥浴な土地で農作物を栽培する。

㉚ 優福な環境で育てられる。

解答

❶壮→双　❷化→加　❸希→祈　❹僕→撲　❺偉→威　❻炎→延　❼揺→揚　❽牧→朴

❾単→短　❿凡→煩　⓫縁→援　⓬条→剰　⓭倒→投　⓮植→殖　⓯坊→妨　⓰検→倹

⓱共→協　⓲頂→眺　⓳徹→撤　⓴復→複　㉑漫→満　㉒生→世　㉓壁→璧　㉔習→倣

㉕喝→渇　㉖編→偏　㉗収→拾　㉘駈→駆　㉙浴→沃　㉚優→裕

第2章

ニュースの漢字

28 経済ニュースの漢字①
29 経済ニュースの漢字②
30 政治ニュースの漢字①
31 政治ニュースの漢字②
32 法律ニュースの漢字
33 社会ニュースの漢字
34 国際ニュースの漢字
35 科学・環境ニュースの漢字
36 自然災害・気象ニュースの漢字
37 スポーツニュースの漢字

28 経済ニュースの漢字①

次の——部を漢字で書きましょう。

❶ 世界同時**フキョウ**の足音が迫る。

❷ **コウキョウジギョウ**で景気回復を図る。

❸ 物の値段は**ジュヨウ**と供給の関係で決まる。

❹ 六月に**カブヌシ**総会が行われた。

❺ **シツギョウ**率は前月から改善している。

❻ **ショトク**税の増税が検討されている。

❼ 会社が**ギョウセキ**給の制度を導入した。

❽ **シャカイホショウ**費は増大する一方だ。

❾ 食料品は**ケイゲン**税率の対象だ。

❿ 確定**シンコク**の期限が迫る。

⓫ 国民年金保険料には**メンジョ**制度がある。

⓬ **ソンエキケイサンショ**を確認する。

⓭ **ユウカショウケンホウコクショ**を調べる。

⓮ **ヒセイキコヨウ**の割合が増える。

学習日　月　日

正答数　／30

❶景気の悪いこと。
❷国または地方コウキョウ団体が行うコウキョウ的な経済活動。
❸物を手に入れようとする欲望。
❹株式会社の株式の所有者。
❺職業をうしなうこと。
❻収入・利益。
❼事業や研究などでの成果。
❽国家が国民の生存権を確保すること。
❾負担や苦痛などをへらして軽くすること。
❿国民が法令の義務により、官公庁に一定の事実を申し出ること。
⓫義務・任務などを果たさなくてもいいと許すこと。
⓬特定の会計期間における企業の経営成績を示す書類。
⓭上場会社などが、各事業年度ごとに提出する法定開示書類。
⓮パートタイム、派遣、アルバイトなどのこと。
⓯互いに連絡・協力しながら物事を行うこと。
⓰他から金品を借りること。
⓱生き返ること。
⓲インターネット上でやり取りできる財産的価値。

⑮ 経済**レンケイ**協定を締結する。

⑯ **フサイ**総額十億円で破産した企業。

⑰ 会社**コウセイ**手続を選択した。

⑱ **アンゴウシサン**の売買を行う。

⑲ 日銀による大規模な金融**カンワ**策。

⑳ **ケイジョウ**利益が順調に増える。

㉑ 悪質な**ソゼイ**回避に非難が集まる。

㉒ 日本の**コウサイ**依存度が上昇した。

㉓ **ザイム**諸表を発表する。

㉔ 相続税は**ルイシン**課税の対象。

㉕ 日銀**タンカン**で景気を占う。

㉖ 政府が**コクサイ**を発行する。

㉗ 投資**シンタク**を始める人が増える。

㉘ **レンケツ**決算は黒字となる。

㉙ 利益**ジョウヨ**金がマイナスとなる。

㉚ 企業が**テキタイ**的買収に備える。

---

⑲ゆるめたり、やわらげたりすること。
⑳一定していて変わらないこと。
㉑国家が必要な経費をまかなうため、国民などから徴収する金銭。
㉒国や地方コウキョウ団体が国民などから一時的に借り入れる債務。
㉓財政に関する仕事。
㉔数量などが増加するにつれて、比率が大きくなること。
㉕日本銀行が民間企業を対象に、四半期ごとに行うアンケート調査。景気を知る上での重要な指標の一つとなっている。
㉖国が財政上の必要から負う借金のこと。
㉗一定の目的にしたがって、他人に財産の管理・処分を任せること。
㉘結びつけて一続きにすること。
㉙あまり。残り。
㉚相手を敵としてはむかうこと。

ワンポイント

⑤シツギョウ率は総務省の調査員が毎月、全国約四万世帯の約十万人を対象に調査票を配布・回収して行っています。「働きたいと思っていて実際に働ける人」のうち、「仕事がなく、仕事を探していて、すぐに働ける人」の割合を表します。

29 経済ニュースの漢字②

次の——線部の読み方を書きましょう。

学習日　月　日

正答数　/30

❶ **為替**手数料を計算する。

❷ 給料が**年俸制**に移行した。

❸ 創業五年で株式を**上場**する。

❹ 国の**歳出**が膨れ上がる。

❺ **財務三表**の見方を学ぶ。

❻ **配当**を目当てに株式投資を行う。

❼ ドルは世界の**基軸**通貨。

❽ 銀行が抱える不良**債権**。

❾ 手形が**不渡り**になった。

❿ **管財人**が会社の再建を目指す。

⓫ 少数の企業が支配する**寡占**市場。

⓬ 企業の**内部留保**が過去最高になる。

⓭ **貸借対照表**を読み解く。

⓮ 米中貿易**摩擦**が問題となる。

❶ 遠隔地との決済を手形などで行う方法。
❷ 年ごとに定めた俸給。
❸ 証券取引所での売買を公認して行うこと。
❹ 国・地方公共団体の一会計年度の支出。
❺ 財務諸表の中で特に重要とされる「損益計算書」「貸借対照表」「キャッシュフロー計算書」のこと。
❻ 企業が出した利益を株主に配分すること。
❼ 物事の中心となるもの。
❽ 国や会社などが資金を調達するため発行する有価証券。
❾ 手形の持ち主が期日になっても支払いを受けられないこと。
❿ 債務者の財産を管理する人。
⓫ 少数の企業が市場を支配すること。
⓬ 企業の純利益から外部に流出する分を差し引いた残りの金額。
⓭ 一定の時点での企業の財務状態をあらわす書類。バランスシートともいう。
⓮ あつれき。
⓯ 個人が自由に処分できる。
⓰ 課税対象から差し引いて除外すること。

⑮ サラリーマンの**可処分**所得が減る。

⑯ 配偶者**控除**を受けるための条件。

⑰ 経済財政**諮問**会議が開かれる。

⑱ 債務**不履行**のリスクが高まる。

⑲ **大発会**を開催する。

⑳ 計画を**上方**修正する。

㉑ **繰延資産**として計上する。

㉒ 日経平均株価の**終値**。

㉓ 保険の解約**返戻**金を受け取る。

㉔ **復興**特別所得税が課税される。

㉕ 日本の**格付**ランキングが低下する。

㉖ 社員**持株**制度を導入した企業。

㉗ 政権の誕生によるご**祝儀**相場。

㉘ 直近五日平均の**出来高**。

㉙ 事業の将来性を担保に**融資**を行う。

㉚ 貿易**収支**が赤字となった。

⑰ 識者の意見を求めること。
⑱ 契約を実行しないこと。
⑲ 取引所で新年最初の立ち会い。
⑳ 上のほう。
㉑ 決算に際し、特定の費用を資産として繰り延べたもの。
㉒ 取引所で立会の最終値段。
㉓ かえしもどすこと。
㉔ 再び盛んになること。
㉕ 価値などに応じて分類し、等級・段階を決めること。
㉖ 所有している株。
㉗ 祝い事。
㉘ 取引所で売買契約の成立した株数。
㉙ 資金を融通すること。
㉚ 収入と支出。

ワンポイント

倒産した企業が再建を図る手続きは、会社更生法と民事再生法の大きく二つに分かれます。会社更生法では経営者は退陣し、⑩管財人が再建に向けた計画を作ります。一方、民事再生法では経営者が引き続き経営にあたることができます。

30 政治ニュースの漢字①

次の――線部を漢字で書きましょう。

❶ **シュウギイン**議員に五期当選する。

❷ 国会議員に支払われる**サイヒ**。

❸ 違法な政治**ケンキン**が問題となる。

❹ 首相**コウセン**制の論議。

❺ **カンリョウ**主導の政治。

❻ **ソウサイセン**に出馬する。

❼ 集団的**ジエイケン**を行使する。

❽ **モンセキケツギ**案を提出する。

❾ 総理の**ショシンヒョウメイ**演説。

❿ 夫婦別姓の**サンピ**を問う。

⓫ 経済産業省の**シンギカン**。

⓬ 「異次元の**ショウシカタイサク**」を発表。

⓭ **オショク**が疑われる政治家。

⓮ 国会**ギジドウ**周辺のデモ隊。

❶ 国会の両院の一つ。
❷ 国会議員に支給される給与。
❸ お金を差し出すこと。
❹ 一般有権者の投票によって選挙すること。
❺ 役人。
❻ 政党の長を選出する選挙。
❼ 国家が他国からの急迫・不正の侵略に対し、やむを得ず一定の実力を行使して反撃する権利。
❽ 閣僚などの責任をとうためのとりきめ。
❾ 方針などを明らかにするための演説。
❿ 賛成と不賛成。
⓫ 各省庁の所掌事務の一部を統括する職。
⓬ 国がこどもの減少を食い止めるための政策。
⓭ 公職にある人が地位や職権を利用して不当な利益を図ること。
⓮ 議員が集まって会議をするための建物。
⓯ 国務大臣の一つ。内閣府の事務を統括する。
⓰ 政党を運営する中心的な役。
⓱ 複数の政党がセイケンを作ること。
⓲ 政策を作る責任者。

学習日　月　日

正答数　/30

⑮ 内閣**カンボウチョウカン**の記者会見。

⑯ 政党で力を持つ**カンジチョウ**。

⑰ **レンリツセイケン**が発足する。

⑱ 党の**セイチョウカイチョウ**に任命される。

⑲ 一票の格差が**イケン**と判断される。

⑳ 社会科で習った**サンケンブンリツ**。

㉑ **ドクサイセイ**をとる国家。

㉒ 選挙の投票日を**コクジ**する。

㉓ テレビで**セイケンホウソウ**を見る。

㉔ **カイヒョウソクホウ**の結果に驚く。

㉕ **デグチチョウサ**で当落を予想する。

㉖ **ガイトウエンゼツ**を行う。

㉗ 不明瞭な**トウベン**を繰り返す。

㉘ **リョウシキ**の府と呼ばれる参議院。

㉙ **リンジコッカイ**が開かれる。

㉚ **リョウインキョウギカイ**が開かれた。

---

⑲ 憲法に反すること。

⑳ 国家権力を行政、立法、司法にわけ、それぞれチェックし合う仕組み。

㉑ 特定の支配者に権力が集中する政治。

㉒ 国・地方公共団体が広く人々に知らせること。

㉓ 選挙に出る人がテレビ・ラジオで政策を発表すること。

㉔ 選挙の途中結果を報じること。

㉕ 選挙で報道機関が投票を終えた人に投票行動を尋ねること。

㉖ 通行人を相手に主義や主張を述べる行為。

㉗ 質問に答えて説明すること。

㉘ 健全な考え方や判断力。リョウシキの府は参議院の美称。

㉙ 緊急・必要な場合に召集されるコッカイ。

㉚ コッカイの二院の意見を調整するための集まり。

ワンポイント

⑮カンボウチョウカンは総理官邸で毎日記者会見を行い、政府の見解を説明する役割を担っています。

31 政治ニュースの漢字②

次の——線部の読み方を書きましょう。

❶ **惜敗率**の差で当選を逃す議員。

❷ 後援会が選挙に**擁立**した人物。

❸ 国会に設けられた**弾劾裁判**所。

❹ 政務官を**罷免**する。

❺ 政界と財界が**癒着**する。

❻ **拘束名簿式**比例代表制で選出する。

❼ **公聴会**を開催する。

❽ **連座制**で逮捕される。

❾ 野党の**牛歩戦術**が失敗する。

❿ 「極めて**遺憾**」と発言する政治家。

⓫ **是々非々**の立場で取り組む。

⓬ 三代続く**世襲**議員。

⓭ 議長が天皇の**詔書**を読み上げる。

⓮ 条約を**批准**する。

❶ 小選挙区で落選した人の得票率を、選挙区の当選者の得票数で割った割合。

❷ ある人を支持して位につかせること。

❸ 裁判官に重要な法違反があった場合に、議会がこれを裁くための裁判。

❹ 職務をやめさせること。

❺ 本来離れているべき者同士が深く手を結び合うこと。

❻ 順位をつけた候補者名簿を公表し、政党の得票数に応じて議席が配分される方法。

❼ 国会などで重要なことを決めるにあたり、関係者などの意見をきく会。

❽ 選挙運動の責任者が違反行為をした場合、当選者の当選を無効にする制度。

❾ 議会で審議を引き延ばすために、ゆっくり行動すること。

❿ 思い通りにいかず心残りなこと。

⓫ よいことはよい、悪いことは悪いとして公正に判断すること。

⓬ 家の財産や職業などを子孫が受け継いでいくこと。

⓭ 天皇が発する最高の公文書。

⓮ 国家が条約を確認して同意すること。

学習日 月 日

正答数 /30

⑮ 選挙の**供託金**を準備する。

⑯ **可及的**速やかに対応策を取る。

⑰ **未曽有**の自然災害に対応する。

⑱ **不退転**の決意で臨む。

⑲ **閣議**で談笑する大臣。

⑳ 議員に**陳情**書を提出する。

㉑ **既得権益**の問題に切り込む。

㉒ 大臣が**更迭**された。

㉓ **派閥**に所属する議員。

㉔ 政治活動の**文書図画**には規制がある。

㉕ 国会で証人**喚問**が行われる。

㉖ 市議会議員選挙に**立候補**する。

㉗ 政府が「**骨太**の方針」を決定する。

㉘ **寡頭制**の歴史を学ぶ。

㉙ **便宜供与**を要求する。

㉚ **期日前投票**に出かける。

---

⑮ 選挙に出る際、納入しなくてはならない金銭。
⑯ なるべく。
⑰ 今までに一度もなかったこと。
⑱ 決してあとに引かないこと。
⑲ 内閣が職務を行うために開く会議。
⑳ 政治家に事情を述べて、善処を願うこと。
㉑ ある集団が過去の経緯や慣習などにより維持している権利。
㉒ ある職についている人を入れ替えること。
㉓ 政党内で利害関係などで結びついた仲間。
㉔ 文字や記号、絵や写真が記載されたもの。
㉕ 公的機関が呼び出して問いただすこと。
㉖ 候補者として名乗り出ること。
㉗ 「骨太の方針」は政府の財政改革の基本方針。
㉘ 少数者による支配。
㉙ 都合のよい処置を行うこと。
㉚ 選挙の当日に先立って行う投票。

ワンポイント

⑲ 閣議は内閣総理大臣が主宰し、非公開で行われます。意思決定には全大臣の署名が必要であり、多数決は採用されません。

32 法律ニュースの漢字

❶～⓮は――線部を漢字で、⓯～㉚は――線部の読み方を書きましょう。

学習日　月　日

正答数　／30

❶ 一審の判決を受けて**コウソ**する。

❷ 最高裁判所に**ジョウコク**する。

❸ トラブルの相手と**ホウテイ**で争う。

❹ **ショウニンジンモン**を受ける。

❺ **ヒコク**人は無罪と推定される。

❻ **ベンゴシ**に相談をする。

❼ **ソジョウ**の書き方を調べる。

❽ **モウシタテショ**をダウンロードする。

❾ 裁判所から**ワカイ**をすすめられる。

❿ **ハンケツ**を言い渡す。

⓫ **ナイヨウショウメイ**を送る。

⓬ 民事**チョウテイ**制度を利用する。

⓭ 殺人罪で**キソ**される。

⓮ 禁固五年を**キュウケイ**する。

❶上級裁判所に再審査を求めること。
❷二審の判決を不服として上級裁判所に再審査を求めること。
❸裁判官が裁判を行う場。
❹裁判所などで第三者に対して行う証拠調べ。
❺訴訟で訴えられた者。
❻訴訟に関する行為や法律事務を行う者。
❼民事訴訟を起こすとき、裁判所に提出する書面。
❽裁判所に対する意思表示を記載する文書。
❾民事上の紛争について、当事者同士が歩み寄って争いをやめること。
❿裁判所が有罪・無罪を言い渡すこと。
⓫郵便物の文書について、郵便局が謄本を保存し、ショウメイするもの。
⓬第三者が対立する者の間に入り、仲裁すること。
⓭検察官が訴えをおこすこと。
⓮検察官が刑罰をもとめること。
⓯刑事被告人などを収容する刑事施設。
⓰だまったまま何も言わないこと。
⓱刑事裁判で、はじめに検察官が事実を明らかにするために申し述べること。
⓲刑事裁判で検察官が最終意見を申

⑮ **拘置所**で面会を行う。

⑯ 容疑者は犯行について**黙秘**する。

⑰ 裁判で行われた**冒頭陳述**。

⑱ 検事の**論告**は厳しかった。

⑲ **保釈**中に死亡する。

⑳ **懲役**五年の実刑。

㉑ **非嫡出子**に対する差別。

㉒ **直系卑属**が相続する財産。

㉓ **執行猶予**が取り消された。

㉔ **情状酌量**の余地なし。

㉕ **遺留分**を主張して争う。

㉖ 死体**遺棄**の容疑。

㉗ 配偶者に**慰謝料**を請求する。

㉘ **寄与分**をめぐってもめる兄弟。

㉙ **冤罪**事件の被害者。

㉚ **被疑者**が特定される。

し述べること。

⑲金銭を納めて、未決勾留中の被告人を自由にすること。

⑳刑務所に拘置して一定の作業を行わせる刑。

㉑法律上の婚姻関係にない男女の間に生まれた子。

㉒自分より下の世代の直系親族。

㉓刑を言い渡した上で、一定期間は執行を引き延ばし、期間を経過したときには効力がなくなる制度。

㉔刑事裁判で被告人の同情すべき事情をくみ取り、刑を軽くすること。

㉕法定相続人に決められた最低限相続できる割合のこと。

㉖保護すべきなのに、捨て置いた状態にすること。

㉗精神的苦痛に対する賠償金。

㉘被相続人に対して貢献のあった人に対して、本来の相続分とは別に取得できる財産。

㉙罪を犯していない人が疑われたり有罪にされたりすること。

㉚犯罪のうたがいを受けた者で、まだ公訴を提起されていない者。

ワンポイント

⑯黙秘権は被疑者や被告人が自分に不利益な供述を強要されない権利のこと。日本国憲法第三八条は、基本的人権としてこれを保障しています。

33 社会ニュースの漢字

❶〜⓮は――線部を漢字で、⓯〜㉚は――線部の読み方を書きましょう。

学習日　月　日

正答数　/30

❶ コクミンカイホケンを堅持する。

❷ 労働三権の一つであるダンケツケン。

❸ フウヒョウヒガイを受ける農家。

❹ コウキコウレイシャの医療制度。

❺ セイカツホゴの受給件数。

❻ カタクソウサクで資料を押収する。

❼ 九七〇年の大阪バンパク。

❽ ショクムシツモンがきっかけで逮捕される。

❾ サラリーマンが加入するコウセイネンキン。

❿ ケイシチョウによる取り締まり。

⓫ 空き部屋を活用したミンパク。

⓬ サンカクスに広がる農地。

⓭ 多様なセイジニンを尊重する社会。

⓮ フウフベッセイを求める動き。

❶すべてのコクミンを何らかの医療ホケンに加入させる制度。
❷労働者が組合を組織する権利。
❸根拠もないうわさによる経済的な損失のこと。
❹七十五歳以上の人のこと。
❺国が経済的に困窮している国民を保障し、自立を助ける制度。
❻捜査機関が人の住居に入り、証拠物件などをさがすこと。
❼世界各国が参加する博覧会の略称。
❽警官が不審者などを呼び止めて問いただすこと。
❾会社勤務の人に支給されるネンキン。
❿東京都のけいさつ行政をつかさどる官庁。
⓫一般の住宅が許可を得て営む宿泊施設。
⓬河口付近にできるサンカク形の砂地。
⓭性別に関するじぶんの価値観などを把握すること。
⓮結婚後に、それぞれの名字を名乗ること。
⓯診療行為の対価として医療機関に支払われる料金。
⓰かたまり。「団塊の世代」は一九四七

⑮ **診療報酬**が改定された。

⑯ **団塊**の世代の高齢化問題。

⑰ 配偶者の**扶養**の範囲で働く。

⑱ トラブルを**示談**で済ませる。

⑲ ネットに渦巻く**陰謀**論。

⑳ テレビ番組で**捏造**が発覚した。

㉑ 介護における**居宅**サービス。

㉒ 殺人**未遂**容疑で逮捕される。

㉓ **寡婦**年金を受ける条件。

㉔ 感染症の**疫学**調査を行う。

㉕ 個人情報の**漏洩**が問題となった。

㉖ 児童**虐待**の悲しいニュース。

㉗ 白川郷の**合掌**造り。

㉘ 日本の年金は**賦課**方式。

㉙ 夏の電力需給が**逼迫**している。

㉚ **煽**り運転による被害の動画。

〜四九年のベビーブーム期に生まれた世代。

⑰ たすけやしなうこと。

⑱ 争いごとを、裁判によらず当事者間の合意で解決すること。

⑲ ひそかに企てた悪い計画。

⑳ 事実でないことを事実のようにでっち上げること。

㉑ ふだん住んでいる家。

㉒ 犯罪をやりかけたが、なしとげなかったこと。

㉓ 夫と死別または離婚して再婚しないでいる女性。

㉔ 伝染病の流行などを研究する調査。

㉕ 秘密などがもれること。

㉖ むごい扱いをすること。

㉗ 合掌する手のような形に建てた伝統日本建築。

㉘ 税金などを割り当てて負担させること。

㉙ 行き詰まって余裕がなくなること。

㉚ そそのかすこと。

ワンポイント

❷ダンケツケン以外の労働三権(労働者の基本的な権利)には、団体交渉権(労働者が団結して使用者と交渉する権利)と争議権(労働者が使用者に対抗してストライキなどの争議行為をする権利)があります。

34 国際ニュースの漢字

❶〜⓮は――線部を漢字で、⑮〜㉚は――線部の読み方を書きましょう。

学習日　　月　　日

正答数　　／30

❶ 国連の**ジョウニンリジコク**入りを目指す。

❷ 国連**アンゼンホショウリジカイ**の会合。

❸ 国連**ケンショウ**が適用される。

❹ **セカイホケンキカン**のコロナ対応。

❺ **ナイセン**状態が続く国。

❻ 香港で起きた**アマガサウンドウ**。

❼ **ナンミン**の受け入れを議論する。

❽ **オウシュウレンゴウ**の統一通貨。

❾ 主要国**シュノウカイギ**が開かれた。

❿ 日本の**ハイタテキ**経済水域は広い。

⓫ **グンシュク**会議で議論する国々。

⓬ 一九七二年の**ニッチュウキョウドウセイメイ**。

⓭ ロシアによるウクライナ**シンコウ**。

⓮ **カクヘイキサクゲン**に関する条約。

❶つねにリジカイに代表者を出している国。
❷国連の主要機関の一つ。
❸国連の基本事項を規定した条約。
❹健康状態を向上させるための国際協力組織。
❺同じ国民どうしのたたかい。
❻二〇一四年、香港で行われた反政府デモ活動。
❼戦禍や天災などによって困難に陥った人たち。
❽ヨーロッパ統合を目指す統合体。
❾政府の最高責任者たちによるカイギ。
❿他国を押しのける傾向があるさま。
⓫軍備を減らすこと。
⓬田中角栄と周恩来の間で調印された国交正常化の宣言。
⓭領土を攻めること。
⓮原爆、水爆などを減らすこと。
⑮武力によらない国際間の激しい対立抗争。cold war の訳語。
⑯無理につれていくこと。北朝鮮が日本人を拉致する事件が起き、いまだに解決していない。
⑰団体や組織に加わっている国。
⑱国や地域が一定の陸地や海域、空域などをみずからのものとして主

⑮ アメリカと中国による新**冷戦**。

⑯ 解決が待ち望まれる**拉致**問題。

⑰ 北大西洋条約機構の**加盟国**。

⑱ **領有権**を主張する二つの国。

⑲ **内政干渉**に抗議する。

⑳ 中国が提唱する**一帯一路**。

㉑ **在留邦人**を保護する。

㉒ **円借款**を停止する。

㉓ テロ対策**特措法**が成立した。

㉔ 戦争**賠償**をめぐる交渉。

㉕ **親善大使**として海外に渡航する。

㉖ **国賓**として来日する。

㉗ 海外の**領事館**に赴く。

㉘ **査証**の発行手続きを行う。

㉙ **南南問題**の解決を考える。

㉚ 日韓に横たわる**徴用工**問題。

権を行使する権利。

⑲ 他国の政治などに強制的に介入して、主権を侵害すること。

⑳ 中国を中心とし、アジアとヨーロッパを結ぶ巨大経済圏。

㉑ 国外に居住・滞在する日本人。

㉒ 外国に円資金を貸し付けること。

㉓ 現行の法律で対応できない場合に特別に制定される法律。

㉔ 相手に与えた損害をつぐなうこと。

㉕ 国家間の親善のために任命される役職。

㉖ 国家から正式の客として接待される外国人。

㉗ 領事が駐在国で職務を行う役所。

㉘ ビザ。入国を証明する旅券の裏書き。

㉙ 発展途上国の中で広がる経済格差の問題。

㉚ 戦時中に朝鮮半島などから日本に渡り、工場などで働いた元労働者。

ワンポイント

⑳ 一帯一路は、かつてのシルクロードを現代に再現しようとする試みです。中国が主導したアジアインフラ投資銀行の融資を通じて各国がインフラ整備を進めていますが、融資を受けた国が中国の影響下に置かれるという状況も生じています。

35 科学・環境ニュースの漢字

❶～⓮は——線部を漢字で、⓯～㉚は——線部の読み方を書きましょう。

学習日　月　日

正答数　／30

❶ **チキュウオンダンカ**を食い止める取り組み。

❷ 技術的**トクイテン**の未来予測。

❸ **セイタイニンショウ**機能がついたＡＴＭ。

❹ さまざまに活用される**シンソウガクシュウ**。

❺ **ダツタンソ**社会を実現する。

❻ **ジゾクカノウ**な社会を作ろう。

❼ 環境破壊で**ショクモツレンサ**が乱れる。

---

❽ **サンセイウ**の被害を調査する。

❾ **スイシツオダク**の改善を目指す。

❿ オゾン層と**シガイセン**の問題。

⓫ **ドジョウオセン**された土地。

⓬ 恐ろしいスピードで**シンリンハカイ**が進む。

⓭ **セイタイケイ**の多様性を守る。

⓮ **キコウヘンドウ**に関する政府間パネル。

---

❶化石燃料の大量使用によって気温が上昇する現象。

❷「技術的トクイテン」は人間の脳を上回るレベルのAIが誕生する時点。

❸肉体的特徴を読み取り、本人を識別するシステム。

❹ビッグデータをもとに自動で学ぶ機械ガクシュウの一つ。

❺温室効果ガスの排出をゼロにしようとする取り組み。

❻環境などが将来的に維持されること。

❼食うか食われるかの関係で結び付いた生物の関係。

❽大気のよごれた物質が溶け込んだ雨。

❾有機物や有害物が河川などに流れ込み、水がよごされること。

❿スペクトルがむらさき色の外側にあらわれる電磁波。

⓫種々の物質によって土がよごされること。

⓬開発によって植物群落が失われていく現象。

⓭地域の生物と、それを取り巻く環境を一体化してとらえたもの。

⓮気温や気象パターンの長期的なかわりよう。

⓯下水処理や工場排水に伴って排出される泥状の物質。

⓰最終処分場がごみで満杯になるま

⑮ **汚泥**処理が進められる。

⑯ 最終処分場の**残余年数**。

⑰ **代替**フロンの効果と課題。

⑱ ニュートンが発見した**万有引力**。

⑲ **赤潮**の被害が報告される。

⑳ **破傷風**菌の予防を研究する。

㉑ **種痘法**を発見したイギリス人。

㉒ **月探査衛星**を打ち上げる。

㉓ サメとイルカは**収斂進化**した。

㉔ **超弦理論**の本を読む。

㉕ 都市化で問題となる**光害**。

㉖ **界面活性剤**が環境にもたらす悪影響。

㉗ **緑提灯**のあるお店を見つける。

㉘ **絶滅危惧種**に指定された動物。

㉙ 地図で**休猟区**を確認する。

㉚ **択伐**をするための届出。

での期間を示す推定値。
⑰代替フロンはフロンガスに代わって使われるガスの総称。
⑱すべての物体間に作用する引力。
⑲プランクトンの異常発生によって海面が赤く見える現象。
⑳体外から入った破傷風菌により中枢神経がおかされる感染症。
㉑天然痘の予防接種法。
㉒月やその周辺の宇宙空間を観測するための衛星。
㉓異なる系統の生物がよく似ている特徴を進化させること。
㉔素粒子に働く力を理解するために導入された理論。素粒子を点ではなくひもと考える。
㉕夜間の照明による悪影響。
㉖液体の界面張力を大幅に低下させる性質を持つ物質。
㉗カロリーベースで日本産食材の使用量が五〇%を超える店で飾る提灯。
㉘絶滅のおそれがきわめて高い動植物種。
㉙狩猟を禁止させている区域。
㉚計画的に森林の木を切り出すこと。

ワンポイント

環境省などが作成しているレッドリスト(絶滅の恐れのある野生生物の種のリスト)2020によると、最新の㉘絶滅危惧種は三七一六種となっています。

36 自然災害・気象ニュースの漢字

❶～⓮は——線部を漢字で、⓯～㉚は——線部の読み方を書きましょう。

学習日　月　日

正答数　／30

❶ **コウサ**の注意報が出された。

❷ 日本の上空に吹いている**ヘンセイフウ**。

❸ **バイウゼンセン**が発達する。

❹ **オガサワラコウキアツ**に覆われた天気。

❺ **ヒナンカンコク**が出される。

❻ **ボウフウウ**に注意する。

❼ **モウフブキ**に見舞われる。

❽ **テイボウ**にまで水があふれる。

❾ 海上に発生した**セキランウン**。

❿ **ホウシャレイキャク**による冷え込み。

⓫ 地震による**キタクコンナンシャ**。

⓬ **ハロウチュウイホウ**が出ている。

⓭ **タイシンシンダン**を行う。

⓮ **センジョウコウスイタイ**による大雨予想。

❶中国の黄土地帯のすなが強風に舞い上げられ、空を覆う現象。
❷中緯度地方の上空を、東に向かって一年中吹く風。
❸五～七月の時期に日本の南岸に停滞する、冷たい空気と暖かい空気の境目で地表と交わる部分。
❹夏に日本付近にまで広がるキアツが高い領域。
❺災害のおそれがある地域の住民に、安全な場所に逃れることを促すために発令されるもの。
❻あらし。災害の発生を伴うような気象状態。
❼非常に強い風にふかれて雪が降ること。
❽河岸に沿って土や石を高く盛り上げた工作物。
❾垂直に発達した雲。
❿地表面の熱が上空に放出され、地面がレイキャクする現象。
⓫災害などで大都市の交通機関がストップし、自宅に戻るのが難しくなった人。
⓬高波により災害が発生するおそれがあるときに発表される知らせ。
⓭地震にたいする建物の安全性を調査・シンダンすること。
⓮次々と発生する発達した雨雲が同

⑮ **濃霧**の中を運転する。

⑯ **激甚災害**に指定された。

⑰ 河川の**氾濫**が予測される地域。

⑱ **驟雨**にあって全身が濡れた。

⑲ 先週の**霙**が降った日。

⑳ 連日の**酷暑日**。

㉑ **黄昏**時の空を眺める。

㉒ **蜃気楼**を観察する。

㉓ **陽炎**が立っている。

㉔ 不思議な**不知火**の光景。

㉕ **熱中症**の予防に努める。

㉖ 軒先の**氷柱**を撮影する。

㉗ こぶし大の**雹**が降ってきた。

㉘ ぱらぱらと降っている**霰**。

㉙ **漏斗雲**が発生した。

㉚ 終日降り続ける**小糠雨**。

じ場所で作り出される雨域。
⑮ 見通しがきかないほど濃い霧。
⑯ 規模が甚大で国民生活に著しい影響を及ぼす大災害。
⑰ 川の水があふれ出すこと。
⑱ にわか雨。
⑲ 雪と雨が同時に混ざって降る現象。
⑳ 最高気温が三十五度以上になる日。
㉑ 夕暮れ。
㉒ 大気中で光が異常に屈折し、空中や地上に景色が浮き上がって見える現象。
㉓ 炎のように地面近くの空気がゆれ動いて見える現象。
㉔ 夏の夜、九州の八代海に見える火。
㉕ 高温・多湿の環境下で起こる病気の総称。
㉖ 水のしずくが凍って棒状に垂れ下がったもの。
㉗ 空から降ってくる氷のかたまり。
㉘ 雪に似た白い小さなかたまり。
㉙ 乱層雲の雲底から、垂直に漏斗状に垂れ下がった雲。
㉚ こまかい雨。

ワンポイント

⑯ 激甚災害の指定を行う際は、内閣府の中央防災会議に意見を聴きます。指定されると、地方公共団体に特別の財政援助・助成措置が講じられます。

37 スポーツニュースの漢字

❶〜⓮は——線部を漢字で、⓯〜㉚は——線部の読み方を書きましょう。

学習日　月　日

正答数　／30

❶ **オオズモウ**の巨漢力士。

❷ ライバルチームに**イセキ**した選手。

❸ 監督が**シュシン**に抗議する。

❹ **センリョクガイツウコク**を受けた選手。

❺ **タイカン**トレーニングの効果が出る。

❻ **エンチョウセン**で決着がついた。

❼ チームの絶対的な**シュゴシン**。

❽ **サンカンオウ**となった野球選手。

❾ **ソッコウ**で得点を重ねる。

❿ 五十キロ**キョウホ**の新記録が出る。

⓫ **チョウヤク**競技で活躍する。

⓬ 二番打者が**ギダ**を記録する。

⓭ **アタイセンキン**のゴールを決める。

⓮ **カントウショウ**を受賞した力士。

❶職業力士によるすもう。
❷所属を他にかえること。
❸中心となる審判員。野球の球審。
❹チームが所属選手にチームの構想から外れていることを伝えること。
❺胴体や腹筋・背筋などの筋肉部分。
❻スポーツ競技で、規定の時間・回数で勝敗が決しない場合、さらに回数・時間を加えて行うこと。
❼まもりがみ。
❽野球で一シーズンに打率・打点・本塁打の成績がトップとなった選手。
❾すばやくせめること。
❿あるくスピードをきそう競技。
⓫とびはねること。
⓬野球で走者を進塁または得点させるかわりに、打者自らはアウトになること。
⓭非常に価値が高いこと。
⓮勇ましく戦った人に与えられる賞。
⓯細長い布を輪状にして一方の肩から斜めにかけるもの。
⓰極意。
⓱権利をすてて使わないこと。
⓲十両以上の力士が結う髪型。
⓳つま先立ちで深く腰をおろし、上体を伸ばした姿勢。

⑮ **襷**を受け渡す駅伝ランナー。

⑯ 武道の**奥義**をきわめる。

⑰ マラソンを途中で**棄権**する。

⑱ 力士が**大銀杏**を結う。

⑲ **蹲踞**をする剣士。

⑳ **投擲**競技で新記録を出す。

㉑ **跳馬**で高得点を叩き出す。

㉒ **暫定王者**と対戦する。

㉓ **直滑降**をするスキーヤー。

㉔ 投手が投げる**牽制球**。

㉕ オリンピックの**前哨戦**となる試合。

㉖ **八百長**疑惑が報道される。

㉗ 独特な**四股名**を持つ力士。

㉘ **稽古**に励む空手家。

㉙ **一馬身**の差をつける。

㉚ **腕挫十字固**で勝利する。

⑳なげること。陸上競技で砲丸投げ、円盤投げ、やり投げ、ハンマー投げの総称。
㉑体操競技の一つ。
㉒一時的に最も実力があるとされる人。
㉓スキーで斜面をまっすぐに滑り降りること。
㉔野球で走者の進塁を防ぐために塁を守る野手に投げる球。
㉕本格的な戦いの前に行われる戦い。
㉖事前にどちらが勝つか打ち合わせておき、なれ合いで勝負をすること。
㉗力士の呼び名。
㉘武術などを習うこと。
㉙競馬で前の馬と後ろの馬の差が馬一頭分であること。
㉚格闘技で用いられる関節技の一つ。

ワンポイント

⓫チョウヤク競技は陸上競技の種目であり、走り幅跳び、走り高跳び、三段跳び、棒高跳びの総称です。

チャレンジ！

類義語を探そう

次の言葉の類義語を語群から選び、漢字に直して書きましょう。

❶ 用意＝

❷ 限度＝

❸ 真実＝

❹ 瞬間＝

❺ 苦心＝

❻ 本気＝

❼ 消滅＝

❽ 計画＝

❾ 多種＝

❿ 価格＝

⓫ 出版＝

⓬ 広告＝

⓭ 願望＝

⓮ 横柄＝

⓯ 永遠＝

⓰ 賛成＝

⓱ 原料＝

⓲ 長所＝

⓳ 無礼＝

⓴ 苦言＝

㉑ 便利＝

㉒ 著名＝

㉓ 進歩＝

㉔ 運命＝

㉕ 将来＝

㉖ 成就＝

㉗ 手本＝

㉘ 関与＝

㉙ 一生＝

㉚ 屋外＝

語群

びてん	しょうしつ	そんだい	しんそう	どうい	げんかい
しゅんじ	たさい	ちゅうこく	たっせい	しんけん	みらい
ゆうめい	ねだん	せんでん	かいにゅう	しゅくめい	じゅんび
きかく	くろう	こがい	こうじょう	しゅうせい	えいきゅう
きぼう	しつれい	ちょうほう	かんこう	ざいりょう	もはん

解答

❶準備 ❷限界 ❸真相 ❹瞬時 ❺苦労 ❻真剣 ❼消失 ❽企画 ❾多彩 ❿値段
⓫刊行 ⓬宣伝 ⓭希望 ⓮尊大 ⓯永久 ⓰同意 ⓱材料 ⓲美点 ⓳失礼 ⓴忠告
㉑重宝 ㉒有名 ㉓向上 ㉔宿命 ㉕未来 ㉖達成 ㉗模範 ㉘介入 ㉙終生 ㉚戸外

第3章

大人の教養漢字

38 食べ物の漢字
39 身体・病気の漢字
40 地名・駅名の漢字
41 人名の漢字
42 季節の漢字
43 暦・行事の漢字
44 神事・宗教の漢字
45 冠婚葬祭の漢字
46 歴史の漢字
47 道具の漢字
48 動物の漢字
49 植物の漢字
50 文化・芸能の漢字

38

食べ物の漢字

❶～⓮は――線部を漢字で、⓯～㉚は――線部の読み方を書きましょう。

学習日　月　日

正答数　／30

❶**ナス**の炒め物を作る。

❷人気の**ショウガ**焼き定食。

❸海辺で**スイカ**割りを楽しむ。

❹**シュンギク**のおひたしを食べる。

❺重箱の中から**ダテマキ**を取る。

❻回転寿司の皿に載った甘**エビ**。

❼味が染み込んだ**チクゼンニ**。

❽ご飯にぴったりの**ツクダニ**。

❾かつお節で**ダシ**を取る。

❿**シュウマイ**がビールによく合う。

⓫**コンブ**を水で戻す。

⓬上品な味の**タイ**のお吸い物。

⓭脂がのった**マグロ**のお刺身

⓮**サンマ**を焼いて食べる。

❶ナス科の一年草。

❷ショウガ科の多年草。

❸ウリ科のつる性一年草。

❹キク科の一年草または二年草。

❺魚肉のすり身と卵をまぜ、渦巻き型に巻いた卵焼き。

❻甲殻類の動物。

❼鶏肉、人参、蒟蒻などを油で炒め、醤油と砂糖で煮た料理。

❽魚介、ノリなどを醤油、砂糖、みりんで味濃く煮詰めたもの。

❾いろいろな材料のうまみを煮だした汁。

❿中華料理の一つ。ひき肉と野菜などを混ぜ、小麦粉の皮で包んで蒸して作る。

⓫褐藻類の海藻。

⓬タイ科の海水魚の総称。

⓭サバ科マグロ属の海水魚の総称。

⓮サンマ科の海水魚。

⓯焼いた餅をきなこにまぶしたもの。安倍川付近の名物。

⓰ソラマメから作った中国料理の調味料。

⓱白ごまと豆腐をすりまぜて味をつけ、野菜などを和えたもの。

⓲海産の軟体動物。

⓳甘塩の鮭。内臓を取り除き、腹の

⑮ **安倍川餅**のお土産をもらう。

⑯ **豆板醤**を使ったレシピ。

⑰ ほうれん草の**白和**えを作る。

⑱ **烏賊**の刺身を注文した。

⑲ 北海道から**新巻鮭**が届く。

⑳ **鰻**の蒲焼きを食べる。

㉑ 自宅で**胡瓜**を育てる。

㉒ 美味しい**牛蒡**のサラダ。

㉓ **蒟蒻**は有名なダイエット食材。

㉔ とても歯ごたえのよい**鮑**。

㉕ みんなに温泉**饅頭**を配る。

㉖ **胡椒**のかけ過ぎに注意する。

㉗ おやつの時間に**羊羹**を食べた。

㉘ ハンバーグから**肉汁**があふれ出す。

㉙ **独活**の苦みを楽しむ。

㉚ **蒲鉾**はお正月の定番だ。

中に塩を詰めて作る。
⑳深海で産卵し、河川や湖沼などに生息する魚。
㉑ウリ科のつる性一年草。
㉒キク科の二年草。
㉓サトイモ科の多年草。
㉔ミミガイ科の巻き貝のうち、大型種の総称。
㉕小麦粉、そば粉などを練った皮で餡を包み、蒸して作る菓子。
㉖アジアの熱帯地方で栽培されるつる性常緑半低木の実を加工した香辛料。
㉗寒天に練った餡を加えた和菓子。
㉘肉を煮だした汁。
㉙ウコギ科の多年草。
㉚魚肉をすり身にし、味をつけて蒸した加工食品。

ワンポイント

⑮安倍川餅は、駿府《すんぷ》(静岡市)を流れる安倍川付近の名物として知られます。江戸時代の中期から知られるようになり、『東海道中膝栗毛』にも安倍川餅を提供する茶屋が繁盛している様子が描かれています。

39 身体・病気の漢字

❶〜⓮は――線部を漢字で、⓯〜㉚は――線部の読み方を書きましょう。

学習日　月　日

正答数　／30

❶ **ヒザ**の曲げ伸ばし運動。

❷ テーブルに**ヒジ**をついた姿勢。

❸ ぶつかった衝撃で**ロッコツ**が折れた。

❹ **ハラワタ**が煮えくりかえる。

❺ 人前で大きな**アクビ**をする

❻ **クチビル**を切ったので血が出た。

❼ 祖父が**ニンチショウ**になった。

---

❽ **カゼ**は万病のもとである。

❾ **フセイミャク**の薬を飲む。

❿ 食事で**チュウセイシボウ**を減らす。

⓫ 若者は**シンチンタイシャ**がいい。

⓬ 歯みがきで**シシュウ**病を予防する。

⓭ **カンゾウ**がんの手術を受ける。

⓮ 感染症に**リカン**する。

---

❶ ももとすねをつなぐ関節部の前面。

❷ 上腕と前腕をつなぐ関節。

❸ 胸郭を構成する骨。

❹ 動物の内臓。

❺ 眠いときなどに起こる呼吸運動。

❻ 口を囲む薄い皮でおおわれた部分。

❼ 脳の老化などにより、知的能力が低下した状態。

❽ 鼻、のどなどに起きる炎症性の病気。

❾ 脈拍の打ち方が乱れて規則正しくない状態。

❿ グリセリンとシボウ酸が結合した単純脂質。皮下や内臓などに蓄えられる。

⓫ 生物が必要な物を体内に取り入れ、不要な物質を排出すること。

⓬ 歯のまわり。

⓭ 腹腔の右上部にある臓器。

⓮ 病気にかかること。

⓯ 発作的に呼吸困難を起こす病気。

⓰ ひざからくるぶしまでの部分。

⓱ 睡眠中に呼吸とともに鼻・口から出る音。

⓲ 病気。

⓳ 脊椎《せきつい》の椎体《ついたい》と椎体をつなぐ円板状の組織。

⑮ **喘息**の症状が出る。

⑯ **脛**をぶつけてのたうちまわる。

⑰ **鼾**の音がうるさくて眠れない。

⑱ 三大**疾病**に対応する医療保険。

⑲ **椎間板**ヘルニアを患う。

⑳ クリニックで**処方箋**を受け取る。

㉑ 帰宅後は**嗽**を習慣づけよう。

㉒ 立ち上がったら急に**眩暈**がした。

㉓ これを食べたら**蕁麻疹**が出た。

㉔ 太ももに**痣**ができていた。

㉕ 手足の**麻痺**に悩まされる。

㉖ **胃潰瘍**の手術を経験した。

㉗ **脳梗塞**で救急車を呼んだ。

㉘ **靭帯**を傷めて練習を休む。

㉙ よく噛んで**顎**を鍛えよう。

㉚ 日焼けで**皮膚**が黒くなる。

---

⑳ 患者に与えるべき薬について、医師が薬剤師に渡す書類。

㉑ 水などで口やのどをすすぐこと。

㉒ 目がくらむこと。

㉓ かゆみや赤いぶつぶつがあらわれる急性皮膚病。

㉔ 皮膚にできる赤・紫などの斑紋《はんもん》。

㉕ しびれて感覚を失うこと。

㉖ 胃壁にできる潰瘍。

㉗ 脳の血管が詰まって血流が止まることで、脳組織が壊死《えし》する状態。

㉘ 関節を保護し、運動を制御する組織。

㉙ 口を構成する顎骨《がっこつ》を中心とする部分。

㉚ 動物の体表をおおう皮。

ワンポイント

⑱三大疾病とは「がん(悪性新生物)」「心疾患」「脳血管疾患」の三つ。日本人の死因の上位を占める病気を総称して呼ばれています。

40

地名・駅名の漢字

❶〜⓮は――線部を漢字で、⓯〜㉚は――線部の読み方を書きましょう。

学習日　月　日

正答数　／30

❶ 地震からの復興が進む**クマモト**県。

❷ お米が美味しい**ニイガタ**県。

❸ **エヒメ**県からみかんが届いた。

❹ **シガ**県には琵琶湖がある。

❺ 冬季五輪が開催された**サッポロ**市。

❻ **ナハ**市の観光を楽しんだ。

❼ **ハチノヘ**で海鮮丼を食べた。

---

❽ 横田基地がある**フッサ**市。

❾ **グジョウ**市でおどりを習った。

❿ 橋を渡って**アワジ**島に向かう。

⓫ **ツシマ**の武家屋敷跡が美しい。

⓬ 上田市を東西に流れる**チクマ**川。

⓭ **ヤイヅ**で海の幸を味わった。

⓮ 大きな神社がある**イズモ**市。

---

❶ 九州地方中央部の県。
❷ 中部地方北東部の県。
❸ 四国の北西部の県。
❹ 近畿地方北東部の県。
❺ 北海道中西部の市。
❻ 沖縄本島南西部の市。
❼ 青森県南東部の市。
❽ 東京都西部の市。
❾ 岐阜県中西部の市。
❿ 兵庫県南部の地名。
⓫ 九州と朝鮮半島の間にある島。
⓬ 長野県北東部を流れる川。
⓭ 静岡県中部の市。
⓮ 島根県北東部の市。
⓯ 東京都台東区の南西部にあった地名。
⓰ 北海道北東部の市。
⓱ 愛媛県北部の市。
⓲ 鹿児島県薩摩半島南東部にある温泉観光地。
⓳ 大阪市北東部の市。
⓴ 千葉県北西部の市。
㉑ 徳島県西部、吉野川中流部の峡谷。
㉒ 京都市中京区の地名。
㉓ 秋田県西部の市。
㉔ 岩手県南東部の市。

⑮ 山手線の**御徒町**駅。

⑯ 冬の**網走**は寒かった。

⑰ タオルが有名な**今治**市。

⑱ **指宿**で温泉に入った。

⑲ **枚方**の遊園地に行きたい。

⑳ **我孫子**から都心に通勤する。

㉑ **大歩危**の景観に感動した。

㉒ **先斗町**の路地裏を歩いた。

㉓ **男鹿**市にはなまはげの風習がある。

㉔ 太平洋に面する**陸前高田**市。

㉕ 北陸新幹線で**糸魚川**に行く。

㉖ 映画撮影所があった**太秦**。

㉗ りんかい線の**東雲**駅。

㉘ 新宿から**石和**温泉駅を目指した。

㉙ 阪急電鉄の**十三**駅。

㉚ 仙台の奥座敷・**秋保**温泉。

㉕ 新潟県南西部の市。
㉖ 京都市右京区の一地区。
㉗ 東京都江東区南部の地名。
㉘ 山梨県笛吹市の地名。
㉙ 大阪市淀川区南部の地名。
㉚ 宮城県中部の地名。

ワンポイント

⑮御徒町は、江戸時代に徒歩で行列に従う徒侍《かちざむらい》が居住していたことからこの地名で呼ばれるようになりました。

㉒先斗町の先斗は、ポルトガル語で「先端・剣先」を意味する言葉に由来するとされていますが、明らかではありません。先斗町では河原に料亭が張り出した「川床」が夏の風物詩として知られています。

41 人名の漢字

❶〜⑭は——線部を漢字で、⑮〜㉚は——線部の読み方を書きましょう。

❶ **ヒミコ**の遺跡を探して旅行をした。

❷ **ショウトクタイシ**にゆかりのある寺。

❸ **トクガワイエヤス**の肖像画を見る。

❹ 現代でも人気がある**オダノブナガ**。

❺ 天下人に上り詰めた**トヨトミヒデヨシ**。

❻ 再評価を受けている**タイラノキヨモリ**。

❼ **カツカイシュウ**の伝記を読む。

❽ 上野にある**サイゴウタカモリ**の像。

❾ 独学で英語を学んだ**フクザワユキチ**。

❿ **セイショウナゴン**が書いた有名な作品。

⓫ 平安期に活躍した**ムラサキシキブ**。

⓬ 武家政権を打ち立てた**ミナモトノヨリトモ**。

⓭ **セッシュウ**の作品を鑑賞する。

⓮ 長州藩に生まれた**イトウヒロブミ**。

❶ 三世紀の邪馬台国の女王。
❷ 飛鳥時代の政治家、思想家。
❸ 江戸幕府初代将軍。
❹ 戦国・安土時代の武将。
❺ 安土桃山時代の武将。
❻ 平安末期の武将。
❼ 幕末・明治の政治家。
❽ 幕末・明治初期の政治家。
❾ 幕末・明治期の思想家、教育家。
❿ 平安中期の歌人、随筆家。
⓫ 平安中期の作家。
⓬ 鎌倉幕府初代将軍。
⓭ 室町時代の画僧。
⓮ 明治の政治家。
⓯ 幕末・明治前期の政治家。
⓰ 明治の啓蒙思想家。
⓱ 平安中期の武将。
⓲ 江戸中期の幕府老中。
⓳ 江戸中期の赤穂藩浅野家の家老。
⓴ 戦国時代の武将。
㉑ 奈良時代の歌人。
㉒ 明治時代の外交官、政治家。
㉓ 中国・唐代の僧。
㉔ 平安前期の歌人。
㉕ 江戸中期の測量家。
㉖ 平安時代の学者。

学習日　月　日

正答数　／30

⑮ 維新の立役者・**岩倉具視**。

⑯ 西洋の哲学を導入した**西周**。

⑰ **平将門**の乱を研究する。

⑱ **田沼意次**の経済政策。

⑲ **大石内蔵助**を演じた俳優。

⑳ 中国地方の覇者・**毛利元就**。

㉑ **大伴家持**が残した歌。

㉒ 海援隊でも活動した**陸奥宗光**。

㉓ 失明を乗り越えて活動した**鑑真**。

㉔ **在原業平**が詠んだ歌。

㉕ **伊能忠敬**の足跡を調べる。

㉖ **菅原道真**をまつった神社。

㉗ **近松門左衛門**の代表作。

㉘ 萩に生まれた**木戸孝允**。

㉙ 暗殺された**犬養毅**。

㉚ 名言を残した**山本五十六**。

㉗江戸時代の浄瑠璃・歌舞伎作者。
㉘明治初期の政治家。
㉙明治から昭和前期の政治家。
㉚昭和期の海軍軍人。

ワンポイント

⑬セッシュウは中国から渡来した水墨画の技法を身につけ、山水画を大成しました。代表作に「山水長巻」「破墨山水図」「天橋立図」などがあります。

⑯西周は森有礼《もりありのり》らと明六社《めいろくしゃ》を結成。西欧の思想や知識を日本に紹介しました。代表的な著書に「百一新論《ひゃくいちしんろん》」があり、「哲学」という言葉をこの本で初めて使いました。

⑲大石内蔵助は赤穂浪士の首領。吉良邸に討ち入りを行った赤穂事件で有名な人物です。

42

季節の漢字

❶～⓮は――線部を漢字で、⓯～㉚は――線部の読み方を書きましょう。

学習日　月　日

正答数　／30

❶ **エンショ**の季節を迎える。

❷ **サンカンシオン**を経て季節が変わる。

❸ 年の**セ**も押し迫ってきた。

❹ **クンプウ**の五月となった。

❺ 秋の**ヨナガ**に小説を読む。

❻ **カザハナ**が舞う。

❼ **フユショウグン**が到来する。

❽ **シュンミン**暁《あかつき》を覚えず。

❾ **ハナグモ**りの日に外出する。

❿ 秋の**カリタ**の中を歩く。

⓫ 寒い中、**ジュヒョウ**を見に行く。

⓬ 北国はもう**フユジタク**に入る。

⓭ 有名な「春は**アケボノ**」という言葉。

⓮ ハイキングコースに**ザンセツ**がある。

❶夏の燃えるような暑さ。
❷七日の周期でさむい日とあたたかい日が繰り返されること。
❸年の暮れ。
❹初夏に若葉のかおりをただよわせて吹くさわやかな風。
❺日が早く落ち、よるがながいこと。
❻晴天に舞う雪。
❼厳しい冬の異名。
❽春の夜のねむり。
❾桜の花の咲く頃、空がぼんやりとくもっていること。
❿稲をかりとった後の田。
⓫冷却した霧が樹枝に付着して凍りついたもの。
⓬冬に備えての準備。
⓭夜明けの空が明るくなってきた頃。
⓮春になっても消えないでのこっているゆき。
⓯たくさんの蝉が鳴き立てるさま。
⓰秋に吹く強い風。台風。
⓱青葉の季節に吹きわたる風。
⓲夕方、海上が無風状態になること。
⓳春に東から吹いてくる風。
⓴冬の厳しい風が柵・竹垣に吹きつけて発する笛のような音。
㉑春の夜明け。

15 **蝉時雨**が聞こえてくる。

16 **野分**立つ季節。

17 すがすがしい**青嵐**。

18 瀬戸内海の**夕凪**。

19 「**東風**吹かば」から始まる歌。

20 外から聞こえる**虎落笛**。

21 **春暁**の空を眺める。

22 **初鰹**が店頭に並ぶ。

---

23 高い空に美しい**鰯雲**。

24 見上げた空に**朧月**。

25 **桐一葉**という言葉どおりの光景。

26 秋の日は**釣瓶落**とし。

27 気持ちのよい**霜日和**。

28 **春塵**の中を外出する。

29 富士山で**初冠雪**を記録した。

30 **星月夜**に恋人とデートする。

---

22 初夏の頃、市場に出回る最初の鰹。
23 巻積雲の別名。鰯が群がったような形の雲。
24 春の夜の、ぼんやりかすんで見える月。
25 桐の一葉が落ちるのを見て、秋の訪れを知ること。
26 まっすぐ急に落ちること。秋の日の暮れやすいことのたとえ。
27 霜がおりてよい天気の日。
28 春にたつ砂塵。
29 山頂に初めて雪が積もること。
30 星が明るく見える秋の夜。

ワンポイント

7 **フユショウグンは、モスクワに遠征したナポレオンが厳寒に悩まされて敗北した史実から、厳しい寒さを擬人化して使われる表現です。**

43

暦・行事の漢字

❶～⓮は――線部を漢字で、⓯～㉚は――線部の読み方を書きましょう。

学習日　月　日

正答数　/30

❶ **リッシュン**なのに寒い。

❷ **ゲシ**なので明るい夕方。

❸ **シワス**に入って忙しくなる。

❹ 自分の**エト**を忘れる。

❺ **トウジ**の日に鍋を食べる。

❻ 職場で**ショキバラ**いを企画する。

❼ 恒例の**カガミビラ**きを行う。

❽ **リットウ**らしい寒い日。

❾ **タナバタ**の願い事を書く。

❿ **ドヨウ**の丑の日に食べるうなぎ。

⓫ **ニュウバイ**の時期を迎える。

⓬ **ヤクビ**を気にする人。

⓭ **ショショ**を迎えたがまだまだ暑い。

⓮ **ブツメツ**の日を避ける。

❶暦の上で春が始まる日。
❷北半球の昼が一年で最も長くなる日。
❸陰暦十二月の別称。
❹十二支。
❺北半球で昼が最も短い日。
❻夏の暑さを追いはらうこと。
❼正月十一日にかがみもちを下げて食べる儀式。
❽暦の上で冬が始まる日。
❾七月七日に星を祭る行事。
❿雑節の一つ。一年に四回ある。
⓫梅雨にはいること。
⓬暦で災難が起こるので注意が必要とされる日。
⓭暦で暑さがおさまるとされる日。
⓮六曜の一つ。万事に不吉とされる日。
⓯四月二十日頃。春雨の季節。
⓰季節の変わり目。特に二月三日頃。豆まきをする。
⓱陰陽道で何をするにも最上の吉日。
⓲十二支の十番目。
⓳三月六日頃。冬ごもりしていた虫が外に出てくる時期の意味。
⓴夏至から十一日目。七月二日頃。
㉑五月の節句の行事。菖蒲の根や葉を湯に入れた風呂。
㉒家中の煤やほこりを払って掃除を

⑮ **穀雨**の時期にストーブをしまう。

⑯ **節分**の豆まきを行う。

⑰ **天赦日**なのでいいことが起きる。

⑱ 十一月の**酉**の日に行われる市。

⑲ **啓蟄**は春の季語。

⑳ **半夏生**に咲く花。

㉑ 銭湯で**菖蒲湯**に入る。

㉒ 年末に予定している**煤払**い。

㉓ **大晦日**にも仕事をする。

㉔ 寺社で**針供養**を行う。

㉕ **寒露**の時節になりました。

㉖ **芒種**に田植えを行う。

㉗ **天恩日**に入籍をする。

㉘ **白露**になり秋の到来を感じる。

㉙ **中秋**の名月を眺める。

㉚ 秋の**社日**に収穫を感謝する。

する行事。
㉓一年の最後の日。
㉔毎年二月八日または十二月八日に針仕事を休み、古い針や折れた針を集めて供養すること。
㉕十月八日頃。気温が下がり、露が冷たく感じられる時分。
㉖六月六日頃。稲や麦など穀類を植える時期。
㉗陰陽道で天から恩沢が下るとされる吉日。
㉘九月八日頃。秋の気配が見え始める時分。
㉙陰暦八月十五日の別称。
㉚春分、秋分に近い戊《つちのえ》の日。

ワンポイント

⑱酉の市は関東各地の鷲《おおとり》神社の祭礼。三番目の酉(三の酉)がある年は火事が多いといわれます。
㉔針供養では、古い針や折れた針を豆腐やこんにゃく、餅などに刺して近くの社寺に納めて供養してもらったり、川に流したりします。地方によっては針を紙に包むなどの違いがあります。江戸時代から行われている行事であり、現在でも裁縫師などが行っています。

44 神事・宗教の漢字

❶〜⓮は——線部を漢字で、⓯〜㉚は——線部の読み方を書きましょう。

❶ **ツイゼンクヨウ**を営む。

❷ 参拝前に**チョウズ**を使う。

❸ **ホウノウ**相撲を行う。

❹ 隣家から**ドキョウ**が聞こえてくる。

❺ **ジチンサイ**に参加する。

❻ お祭りで使われる**ダシ**。

❼ 家族全員で**カシワデ**を打つ。

❽ **センジュカンノン**の像を見る。

❾ **アマテラスオオミカミ**をまつる伊勢神宮。

❿ **ウジコ**が集まって相談する。

⓫ **チンジュ**の森を散策する。

⓬ 神主が**ノリト**を上げる。

⓭ 朝の**ゴンギョウ**が始まる。

⓮ **ハンニャシンギョウ**を唱える。

❶仏教で死者の冥福を祈って行うクヨウ。
❷手や顔を洗い清めること。
❸神仏に献上すること。
❹声を出して経文を読むこと。
❺工事に着手する前に安全を祈る儀式。
❻祭礼のときに飾り物をして引き歩く屋台。
❼神を拝むときに手の平を打ち合わせて鳴らすこと。
❽六カンノンの一つ。あまねく衆生を救う。
❾日本の神話の最高神。
❿同じ地域の神を守る人々。
⓫その土地を守る神。
⓬神前で読み上げる言葉。
⓭仏前で時を定めて経をよんだりすること。
⓮仏教の経典の一つ。玄奘訳のものが有名。
⓯仏・菩薩を一定の枠に従って図示したもの。
⓰神主の下に位する神職。
⓱神聖な場所区別するために張る縄。
⓲祭礼の後に行う宴のこと。
⓳宮中の祭儀。現在の勤労感謝の日。
⓴生まれては死ぬを繰り返すこと。

学習日　月　日

正答数　／30

⑮ 曼荼羅を公開しているお寺。

⑯ 神社の禰宜として仕事をする。

⑰ 神社で見た注連縄。

⑱ 直会の出席者が集まる。

⑲ 秋に行われる新嘗祭。

⑳ 輪廻転生を信じる。

㉑ 涅槃会が開催される。

㉒ 友人と御神籤を引く。

㉓ 巫女さんからお守りを受け取る。

㉔ 陰陽師をモデルとする小説。

㉕ 盂蘭盆の行事が終了した。

㉖ 回向をたむける。

㉗ 鹿苑寺の修学旅行生。

㉘ 愛宕神社に参詣する。

㉙ 兵庫県にある斑鳩寺。

㉚ 京都の聖護院に行く。

㉑ 釈迦の入滅を追悼して行う法会。
㉒ 神仏に祈願して吉凶を占うくじ。
㉓ 神に奉仕する未婚女性。
㉔ 陰陽道の呪術により吉凶を占う占い師。
㉕ 陰暦七月十五日を中心に行われる仏事。
㉖ 仏事を行って死者の成仏を祈ること。
㉗ 京都市北区の寺。通称金閣寺。
㉘ 京都市右京区の神社。全国の愛宕神社の根本社。
㉙ 兵庫県揖保郡にある天台宗の寺。法隆寺の別称。
㉚ 京都市左京区にある本山修験宗の総本山。

ワンポイント

❷チョウズには、用便に行くことと便所の意味もあります。用便の後に手を洗うことに由来します。

45 冠婚葬祭の漢字

❶〜⓮は――線部を漢字で、⓯〜㉚は――線部の読み方を書きましょう。

学習日　月　日

正答数　／30

❶ 先月、**ユイノウ**を済ませた二人。

❷ 結婚式の**ヒキデモノ**を持ち帰る。

❸ 自宅で**モフク**に着替える。

❹ 友人を代表して**チョウジ**を述べる。

❺ お**フセ**の渡し方を学ぶ。

❻ 祖父の**カイミョウ**をつける。

❼ **コウデン**を袋に入れる。

❽ **キョウカ**の受付を断る遺族。

❾ 知人の**ソウギ**に出席する。

❿ 長々と続く**ショウコウ**の列。

⓫ **ノウカン**が終わった後も泣く人々。

⓬ **ショウジンオ**として挨拶する長男。

⓭ 墓地で**ノウコツ**を済ませる。

⓮ **イエイ**を飾る。

❶婚約のしるしに金品を取り交わすこと。
❷祝い事のとき、主人から来客に贈るもの。
❸死者をとむらうため着る礼服。
❹死者をいたみ、とむらうための言葉や文章。
❺僧侶に与える金銭や品物。
❻僧が死者に付ける名前。
❼死者の霊にそなえる金銭。
❽死者にそなえる花。
❾死者をほうむる儀式。
❿霊前で香をたいて拝むこと。
⓫死者をひつぎの中におさめること。
⓬葬儀や法事の後の酒宴。
⓭火葬した遺骨を容器におさめること。
⓮故人の写真や肖像画。
⓯火葬。
⓰遺体をひつぎの中におさめる前に湯でふき清めること。
⓱祝い。婚礼。
⓲絹製の四角い布。進物の上にかけたり、物を包んだりする。
⓳末期は臨終のこと。末期の水は人の死に際に口にふくませる水の意味。

⑮ 遺体は**荼毘**に付された。

⑯ 故人の**湯灌**を見守る親族。

⑰ 来年には**祝言**をあげる予定。

⑱ ご祝儀を**袱紗**に包む。

⑲ **末期**の水を取る。

⑳ 次男が親の**位牌**を持つ。

㉑ **御霊前**に花を供える。

㉒ お墓にある新しい**卒塔婆**。

㉓ **初七日**の法要を行う。

㉔ お**斎**の準備を進める。

㉕ **野辺送り**の風習が残る地域。

㉖ **訃報**に接して絶句する。

㉗ **忌中**は静かに過ごす。

㉘ **慶弔**休暇を取る。

㉙ **白無垢**の花嫁姿。

㉚ 成人式に着用する**振袖**。

---

⑳ 死者の法名を書いた木の札。
㉑ 死者をまつっているところの前。
㉒ 死者の供養のために墓に立てる細長い板。
㉓ 人の死後七日目にあたる日。その日に行う法事。
㉔ 法要の参会者に出す食事。
㉕ 遺骸を火葬場や埋葬地まで見送ること。
㉖ 死亡のしらせ。
㉗ 親族に死者があって、忌みつつしむ期間。
㉘ 吉事と凶事。
㉙ 上下白一色の着物。
㉚ 未婚の女性が着る長い袖の和服。

ワンポイント

⑮荼毘はパーリ語で「燃やす」「焚く」という意味の言葉を音訳したものです。もともとインドで始まった葬法であり、日本では700年の道昭の火葬が最初とされています。

46 歴史の漢字

❶〜⓮は――線部を漢字で、⓯〜㉚は――線部の読み方を書きましょう。

学習日　月　日

正答数　／30

❶ **サキモリ**の歌にみる当時の生活。

❷ 中国に由来する**カンパク**の職。

❸ **ジンシン**の乱の舞台を訪ねる。

❹ **セイイタイショウグン**に任ぜられた武将。

❺ **ジョウキュウ**の乱を起こした人物。

❻ **シッケン**について権力を握る。

❼ **クゲ**社会が生み出した文化。

---

❽ 奈良の**ホウリュウジ**を観光する。

❾ **コジキ**に書かれた神々の物語。

❿ **ホウケンセイド**について学ぶ。

⓫ 十年以上続いた**オウニン**の乱。

⓬ **ショウソウイン**の宝物展を見学する。

⓭ 大陸に渡った**ケントウシ**。

⓮ **ハイハンチケン**で府県が誕生した。

---

❶古代、九州北部の守備にあたった兵士。
❷天皇を補佐した重職。
❸干支の一つ。みずのえさる。
❹鎌倉時代以降、幕府の首長の称号。
❺鎌倉時代の年号。
❻鎌倉幕府で将軍を補佐した重職。
❼朝廷。朝廷に仕えた人々。
❽奈良県斑鳩町にある聖徳宗の総本山。
❾奈良時代の歴史書。
❿国王などが領地を諸侯に分け与え、統治させること。
⓫室町時代の年号。
⓬奈良時代の主要な倉庫。
⓭奈良時代から平安初期にかけて日本から当時の中国に送られた使節。
⓮明治四年、中央集権的国家を樹立した政治改革。
⓯外国との通商・交通などを禁止すること。
⓰孔子に始まる政治・道徳の学問。
⓱江戸時代の元禄年間に栄えた文化。
⓲中国の史書「魏志」の倭人の条のこと。
⓳天皇に代わって政治を行うこと。その職。
⓴平安時代の貴族住宅の形式。

⑮ **鎖国**をしていた時代の貿易。

⑯ 武士が学んだ**儒学**。

⑰ **元禄文化**を代表する作品。

⑱ **魏志倭人伝**に残る日本の記録。

⑲ **摂政**という役職についた人物。

⑳ 平安時代に確立した**寝殿造**。

㉑ 語り継がれる**戊辰戦争**の悲劇。

㉒ **藩閥**政治に立ち向かった人々。

㉓ 戦後に廃止された教育**勅語**。

㉔ 学童**疎開**の映像記録を見る。

㉕ 明治期に建てられた**鹿鳴館**。

㉖ **大政翼賛会**の支配が及んだ時代。

㉗ **元寇**について描いた絵。

㉘ **六波羅探題**があった場所。

㉙ 七〇一年に完成した**大宝律令**。

㉚ 武士に影響を与えた**御成敗式目**。

㉑ 一八六八年に始まった新政府軍と旧幕府軍の戦争。

㉒ 明治維新を主導した藩の出身者による派閥。

㉓ 旧憲法下で、天皇が直接国民に発した意思表示。

㉔ 空襲などの被害を少なくするため、都市の住民が地方に分散すること。

㉕ 明治政府が建てた西洋館。

㉖ 日中戦争・太平洋戦争期に作られた国民統制組織。

㉗ 鎌倉時代に元の軍隊が日本に襲来した事件。

㉘ 鎌倉幕府が京都に設置した機関。

㉙ 日本古代の基本法典。

㉚ 鎌倉幕府の基本法典。

ワンポイント

❸ ジンシンの乱は六七二年、大友皇子と大海人皇子が皇位継承をめぐって戦った内乱です。勝利した大海人皇子が即位して天武天皇となりました。

47

道具の漢字

❶〜⓮は——線部を漢字で、⓯〜㉚は——線部の読み方を書きましょう。

学習日　月　日

正答数　／30

❶ 家具店で**イス**を選ぶ。

❷ **センタクキ**を買い替える。

❸ **センプウキ**を回す。

❹ **キュウス**でお茶をいれる。

❺ 自宅から**スイトウ**を持参する。

❻ 客用の**チャワン**を揃える。

❼ **ホウチョウ**で野菜を切る。

❽ うっかり**ショウジ**に穴を開ける。

❾ **キャタツ**の上で作業をする。

❿ **メンボウ**で耳に薬をつける。

⓫ 手指の**ジョキン**用シート。

⓬ **ヒョウハクザイ**につけ置きする。

⓭ **トックリ**にお酒を入れる。

⓮ **レイゾウコ**に入っている西瓜。

❶ 腰かけ。
❷ 衣類をあらうときに使う機械。
❸ モーターで羽根を回転させて風を起こす装置。
❹ お茶を煎じ出すための道具。
❺ 飲料水を入れて持ち歩くための容器。
❻ お茶を飲むために使う陶磁器。
❼ 料理に使う刃物。
❽ 部屋の内外を仕切るとともに、明かりを取り入れるための建具。
❾ 高いところのものを取るときなどに使う踏み台。
❿ 先端に脱脂綿を巻きつけた細いボウ。
⓫ 細菌をとりのぞくこと。
⓬ 繊維や食器などを白くする薬。
⓭ 細長くて口の狭い、酒などを入れる容器。
⓮ 内部を低温に保ち、食品などを冷却する箱。
⓯ 墨を水でするために使う道具。
⓰ 紙くずなどを捨てるための箱。
⓱ 獣毛などをたばねて木製などの柄につけ、毛の先端を揃えて切ったもの。
⓲ わら・シュロなどの毛を束ねた道具。
⓳ 酒を注ぎ入れて飲む小さな容器。

⑮ 硯と筆を用意する。

⑯ 屑籠に不要なものを入れる。

⑰ 刷毛でペンキを塗る。

⑱ 束子で鍋をこする。

⑲ 御猪口に酒をつぐ。

⑳ 炬燵にあたりながら眠る。

㉑ 箒で家の前を掃く。

㉒ 鋸で板を切る。

㉓ 菜箸で野菜を炒める。

㉔ お櫃入りのご飯を食べる。

㉕ 箪笥に和服をしまう。

㉖ 抽斗を開けて洋服を整理する。

㉗ 剃刀負けして血が出る。

㉘ 暑いので団扇を使う。

㉙ 俎板にのせた魚をさばく。

㉚ シャツの釦が取れた。

⑳ 熱源の上にやぐらを置き、上からふとんをかけ、体を温めるもの。
㉑ ちりを掃いて取り除く道具。
㉒ 木材をひき切る道具。
㉓ 料理を作ったり盛り分けたりするときの長い箸。
㉔ ご飯を入れる木製の容器。
㉕ 衣類などを収納しておくための家具。
㉖ 机・箪笥などに取りつけて抜き差しできるようにした箱。
㉗ ひげなどを剃るために使う刃物。
㉘ あおいで風を起こす道具。
㉙ 食材を包丁で切るときに使う板。
㉚ 衣服などの合わせ目を留めるためのもの。

ワンポイント

⑳ 炬燵はもともと炭火・豆炭などが熱源として使われていましたが、現在では電気炬燵が一般に普及しています。

48 動物の漢字

❶〜⑭は――線部を漢字で、⑮〜㉚は――線部の読み方を書きましょう。

学習日　月　日

正答数　／30

❶ 都会にも生息している**タヌキ**。

❷ 北半球に分布する**オオカミ**。

❸ **クマ**が登山道にあらわれた。

❹ **イノシシ**が民家に突進する。

❺ 腕を**カ**に刺されてかゆい。

❻ 暗がりで**ホタル**を観賞する。

❼ 船の上から**クジラ**を見る。

❽ 田んぼから聞こえる**カエル**の声。

❾ **カメ**を飼育している子どもたち。

❿ 観光道路に出没する**サル**。

⓫ 友人は**ネコ**を飼っている。

⓬ **ツル**が優雅に空を飛んでいる。

⓭ **ブタ**をペットにしている人。

⓮ 草むらの中から**ヘビ**が出てきた。

❶ イヌ科の哺乳類。体長五十〜六十㎝。

❷ イヌ科の哺乳類。耳が立っていてイヌに似ている。

❸ クマ科の哺乳類。体が大きく四足が太くて短い。

❹ イノシシ科の哺乳類。森林にすむ夜行獣。

❺ カ科の昆虫。伝染病を媒介するものもある。

❻ ホタル科の甲虫の総称。夜に青白い光を発光する。

❼ クジラ目の哺乳類の総称。魚に似て水中で生活する。

❽ カエル目の両生類の総称。よく跳ね、よく泳ぐのが特徴。

❾ カメ科の爬虫類の総称。体に甲羅がある。

❿ サル目のうち、ヒト以外の哺乳類の総称。知能が高い。

⓫ ネコ科の哺乳類。愛玩用の小動物。

⓬ ツル科の鳥の総称。大型で頭と脚が長い。

⓭ イノシシ科の哺乳類。食肉用の家畜。

⓮ ヘビ亜目の爬虫類。足がなく、体をくねらせながら前進する。

⓯ 体が細長く、二枚の羽で飛ぶ昆虫。

⑮ 赤蜻蛉が飛んでいる。

⑯ 蟷螂の産卵シーン。

⑰ 頭髪の中に虱を発見。

⑱ 鶯の鳴き声に聞き惚れる。

⑲ 蜘蛛は益虫と呼ばれている。

⑳ 山では蛭に注意しよう。

㉑ 蝗の大群に出くわす。

㉒ 果実を食べている麒麟。

㉓ 海豚は水族園の人気者。

㉔ 孔雀が目の前で羽を広げた。

㉕ 双眼鏡で雲雀を探す。

㉖ コンクリートについた蝸牛。

㉗ 蝙蝠の生態を学ぶ。

㉘ 鰐がたくさん泳ぐ川。

㉙ 駱駝の背中に乗ってみる。

㉚ 栗鼠がクルミを食べている。

⑯ 頭は三角形で胴は長く、腹がふくれている昆虫。
⑰ 哺乳類の皮膚に寄生し、血液を吸う昆虫。
⑱ 美しい声でさえずる小鳥。
⑲ 八本足の節足動物。
⑳ 体に吸盤を持ち、動物から吸血する環形動物。
㉑ 稲の害虫として知られる昆虫。
㉒ アフリカの草原にすむ哺乳類。
㉓ クジラ目の動物のうち、小型のもの。
㉔ 熱帯の森にすむキジ科の鳥。
㉕ 空高く舞いながらさえずる、スズメくらいの大きさの鳥。
㉖ 渦巻き状の殻を背負う軟体動物。
㉗ 翼手目の哺乳類の総称。夜行性。
㉘ 熱帯の川や沼に住む爬虫類。
㉙ 首と脚が長い哺乳類。砂漠地の環境に適応する。
㉚ 森林にすむ小動物。姿がネズミに似ている。

ワンポイント

⑱鶯は早春に「ホーホケキョ」という美声で鳴くことから「春告《はるつげ》鳥《どり》」という異名も持っています。そこから転じて美声の人のことを指すこともあります。

49

植物の漢字

❶～⓮は——線部を漢字で、⓯～㉚は——線部の読み方を書きましょう。

学習日　月　日

正答数　／30

❶ **ツバキ**の花で有名な島。

❷ **コスモス**を鉢に植える。

❸ **アジサイ**で有名なお寺。

❹ **アサガオ**の観察日記をつける。

❺ **ソメイヨシノ**が開花した。

❻ **キリ**で作られたタンスを買う。

❼ 観賞用の**コケ**を眺める。

❽ **セリ**を鍋に入れて煮込む。

❾ **ハギ**は秋の七草の一つ。

❿ **モミジ**狩りを楽しむ。

⓫ 早朝に見た**ハス**の花。

⓬ **ベニバナ**からとれる油。

⓭ 秋分の日の**ヒガンバナ**。

⓮ **ラン**の栽培に挑戦する。

---

❶ツバキ科の常緑樹の総称。

❷キク科の一年草。秋に桃色や白などの花を開く。

❸ユキノシタ科またはアジサイ科の落葉低木。初夏に花を開く。

❹早朝に花を開く、ヒルガオ科のつる性一年草。

❺サクラの一種。四月頃に淡紅色の花を開く。

❻落葉高木。軽くて湿気を防ぐため、タンスやゲタ、琴などに使われる。

❼コケ植物の総称。湿地などに生える。

❽セリ科の多年草。葉や茎は食用にされる。

❾落葉低木。夏から秋にかけて赤紫や白の花を開く。

❿赤くなったカエデの木の葉。

⓫スイレン科の多年草。池や水田などで栽培される。

⓬キク科の一年草。花びらから染料をとったり、種子から食用油をとったりする。

⓭ヒガンバナ科の多年草。田んぼのあぜや堤などに自生する。

⓮ラン科植物の総称。観賞用として栽培される。

⓯ミカン科の常緑果樹。酸味が強く、果汁が広く食用に使われる。

⑮ 檸檬の果汁をしぼる。

⑯ 黄色く色づいた銀杏の木。

⑰ 山葵を栽培する農家。

⑱ 葡萄をジュースにして飲む。

⑲ 向日葵が一面に咲いている。

⑳ 躑躅の花が目にまぶしい。

㉑ 檜の香りがすがすがしい。

㉒ 榊を神棚に供える。

㉓ 土筆を見て春を実感する。

㉔ 古くから庭にある欅。

㉕ 葵の御紋は徳川家の紋。

㉖ 屏風絵に描かれた杜若。

㉗ 万葉集に詠まれている桔梗。

㉘ 土手に咲いている蒲公英。

㉙ 節分の時期に見かける柊。

㉚ 箱にいっぱい入った蜜柑。

---

⑯ 街路樹などとしてよく見られる落葉高木。公孫樹とも書く。
⑰ アブラナ科の多年草。地下茎はすりおろして香辛料にされる。
⑱ 房状の果実。つる性落葉低木。
⑲ キク科の一年草。観賞用に広く栽培される。
⑳ 庭園などで栽培される落葉性の低木。
㉑ 日本で広く植林される常緑高木。
㉒ ツバキ科の常緑高木。神事に用いられる。
㉓ 早春にスギナの地下茎から出る胞子茎。
㉔ ニレ科の落葉高木。材は建築・家具用にされる。
㉕ 園芸用として栽培されることが多い植物。
㉖ アヤメ科の多年草。初夏に白や紫などの花を開く。
㉗ 八・九月頃、つりがね形の青紫色の花を開く多年草。
㉘ キク科の多年草。野原に自生する。
㉙ モクセイ科の常緑小高木。秋に白く、においのよい小花を開く。
㉚ 秋から冬にかけての果物の一種。

ワンポイント

⑪ハスの地下茎の末端部をレンコンといい、食用として親しまれています。また、ハスは仏教とのかかわりが深く、寺院の池などでよく見られます。

50 文化・芸能の漢字

❶～⓮は——線部を漢字で、⓯～㉚は——線部の読み方を書きましょう。

学習日　月　日

正答数　／30

❶ 京都で行われる**カオミセ**興行。

❷ **ヨセ**で落語を楽しむ。

❸ **コウダンシ**が物語を語る。

❹ 地方で**デンガク**を見学する。

❺ **シギン**をたしなむ友人。

❻ **ノウガク**の舞台に上がる。

❼ **カブキ**のチケットを入手した。

❽ シェイクスピアの**ギキョク**。

❾ 公演の**センシュウラク**を迎える。

❿ 学校で**マンザイ**を披露する。

⓫ 京都で見かけた**マイコ**さん。

⓬ **ミンヨウ**歌手の素晴らしい歌声。

⓭ 海外で活躍する**キョウゲン**師。

⓮ 茶道の**イエモト**。

❶かぶきの興行用語。京都の十二月興行が有名。
❷落語などを興行する演芸場。
❸軍記などを読んで聞かせる人。講釈師。
❹平安時代から続く伝統芸能。各地に民俗芸能として残っている。
❺読みくだした漢詩に節をつけてうたうこと。
❻日本の古典芸能の一つ。囃子に合わせて謡をうたいながら演じる。
❼江戸期に発展した日本特有の演劇。
❽演劇の脚本。
❾芝居などの興行の最終日。
❿二人の芸人が面白い掛け合いで笑わせる演芸。
⓫宴席（特に京都・祇園）で舞を舞う少女。
⓬民衆に歌い継がれた歌。
⓭日本の古典芸能。主に科白と所作による喜劇。
⓮芸道の正統を受け継いでいる家。
⓯演劇や映画での格闘の演技。
⓰得意の芸。
⓱歌舞伎役者の社会。
⓲三味線に合わせて語る、語り物音楽。
⓳獅子頭をかぶって行う舞。

⑮ **殺陣**のシーンを撮影する。

⑯ カラオケの**十八番**を歌う。

⑰ **梨園**の世界に生まれる。

⑱ 人形**浄瑠璃**の劇場。

⑲ お正月におなじみの**獅子舞**。

⑳ 日本**舞踊**の稽古を行う。

㉑ 祝い事に謡われる**高砂**。

㉒ **隈取**が印象的な役者。

㉓ 高価な**漆器**を集める。

㉔ 上品な**紬**の着物。

㉕ 旅行先で見つけた**寄木細工**。

㉖ **藍染**のネクタイを愛用する。

㉗ 陶芸教室で**轆轤**を使う。

㉘ **曜変天目**を鑑賞する。

㉙ お中元に**熨斗**をつける。

㉚ **常滑焼**の皿を買う。

⑳ 音楽に合わせて体を動かし、感情などを表現する芸。
㉑ 謡曲の曲目。世阿弥作。
㉒ カブキの化粧法。
㉓ 漆塗りの器。
㉔ つむぎ糸で織った絹織物。
㉕ 色や木目が異なる木片を組み合わせて作り出す細工。
㉖ 藍で染めること。
㉗ 円形の器を作る回転盤。
㉘ 天目茶碗の一種で、最も貴重なものとされる。
㉙ 進物に添える色紙。
㉚ 愛知県常滑市を中心に作られる陶器。

ワンポイント

❾センシュウラクは雅楽の曲名。法会などの最終日に、この曲を演奏したことから転じて、興行の最終日や「最後」の意味で使われるようになりました。

チャレンジ！

対義語を探そう

次の言葉の対義語を語群から選び、漢字に直して書きましょう。

❶ 権利 ↕
❷ 軽率 ↕
❸ 実践 ↕
❹ 削除 ↕
❺ 承認 ↕
❻ 親密 ↕
❼ 全体 ↕
❽ 歓声 ↕
❾ 客観 ↕
❿ 平凡 ↕
⓫ 安全 ↕
⓬ 加熱 ↕
⓭ 濃厚 ↕
⓮ 集中 ↕
⓯ 下降 ↕

⓰ 到着 ↕
⓱ 病弱 ↕
⓲ 膨張 ↕
⓳ 延長 ↕
⓴ 故意 ↕
㉑ 難解 ↕
㉒ 粗雑 ↕
㉓ 質素 ↕
㉔ 正統 ↕
㉕ 積極 ↕
㉖ 穏健 ↕
㉗ 遠方 ↕
㉘ 一般 ↕
㉙ 甘言 ↕
㉚ 快楽 ↕

語群

ひめい　ぶんさん　しんちょう　かび　かげき　くげん　きょひ
れいきゃく　しゅうしゅく　かしつ　しゅっぱつ　りろん　たんしゅく
きんりん　とくしゅ　ぎむ　ぶぶん　たんぱく　ひぼん　そえん
いたん　けんこう　せいみつ　くつう　しゅかん　へいい　そうにゅう
しょうきょく　きけん　じょうしょう

解答

❶義務　❷慎重　❸理論　❹挿入　❺拒否　❻疎遠　❼部分　❽悲鳴　❾主観　❿非凡
⓫危険　⓬冷却　⓭淡泊・淡白　⓮分散　⓯上昇　⓰出発　⓱健康　⓲収縮　⓳短縮
⓴過失　㉑平易　㉒精密　㉓華美　㉔異端　㉕消極　㉖過激　㉗近隣　㉘特殊　㉙苦言
㉚苦痛

解答

1　日常的に使う漢字①　P6-7

❶ 特殊　❷ 唐突　❸ 故障
❹ 摂理　❺ 懸命　❻ 展望
❼ 困難　❽ 永住　❾ 柔軟
❿ 無邪気　⓫ 挑発　⓬ 飾
⓭ 遅刻　⓮ 閉鎖　⓯ 沈黙
⓰ 緊張　⓱ 取捨　⓲ 基礎
⓳ 複雑　⓴ 刺激　㉑ 候補
㉒ 鋭　㉓ 率先　㉔ 迷惑
㉕ 催促　㉖ 超越　㉗ 過疎
㉘ 審判　㉙ 携帯　㉚ 賃貸

解説

❻「天望」にしないよう注意。
㉗「過粗」ではない。

2　日常的に使う漢字②　P8-9

❶ 動揺　❷ 互角　❸ 年齢
❹ 距離　❺ 疾走　❻ 庶民
❼ 魅力　❽ 操　❾ 漠然
❿ 新鮮　⓫ 週刊誌　⓬ 発揮
⓭ 象徴　⓮ 収穫　⓯ 覆
⓰ 感慨　⓱ 迅速　⓲ 厄介
⓳ 幻想　⓴ 詳　㉑ 浸水
㉒ 果敢　㉓ 貧富　㉔ 劇的
㉕ 寛容　㉖ 余儀　㉗ 効用
㉘ 幼稚園　㉙ 深刻　㉚ 丁寧

解説

⓮「収獲」は間違い。
㉑「侵水」にしないよう注意。

3　日常的に使う漢字③　P10-11

❶ 培　❷ 傑作　❸ 乾燥
❹ 奨励　❺ 睡眠　❻ 斬新
❼ 構築　❽ 喪失　❾ 拒
❿ 前提　⓫ 趣向　⓬ 我慢
⓭ 模倣　⓮ 朗読　⓯ 試験
⓰ 軽率　⓱ 誇張　⓲ 皆無
⓳ 掃除　⓴ 贈　㉑ 併設
㉒ 終始　㉓ 転換　㉔ 遠慮
㉕ 更新　㉖ 依存　㉗ 殺到
㉘ 根底　㉙ 飲酒　㉚ 選択肢

解説

⓰「軽卒」は間違い。
⓴「送」にしないよう注意。

4 日常的に使う漢字④ P12-13

❶ 審査　❷ 偏見　❸ 稚拙
❹ 貢献　❺ 婚姻　❻ 犯罪
❼ 途端　❽ 紅潮　❾ 金銭
❿ 伝統　⓫ 謙虚　⓬ 矛盾
⓭ 衣替　⓮ 摘発　⓯ 驚嘆
⓰ 警鐘　⓱ 作法　⓲ 温存
⓳ 予断　⓴ 容認　㉑ 率直
㉒ 画一　㉓ 機転　㉔ 循環
㉕ 理不尽　㉖ 急激　㉗ 排除
㉘ 強調　㉙ 脱却　㉚ 過言

解説
⓭「衣変」ではない。
㉒「各一」にしないよう注意。

5 日常的に使う漢字⑤ P14-15

❶ きっすい　❷ せっとう　❸ ろうばい
❹ じゅず　❺ うかが　❻ きた
❼ さいぎしん　❽ ばってき　❾ しんちょう
❿ だいごみ　⓫ あいびょう　⓬ まつえい
⓭ まんきつ　⓮ おごそ　⓯ きょくち
⓰ こくふく　⓱ きがん　⓲ でんぱ
⓳ えつらん　⓴ そぼく
㉑ しゅうちゃく・しゅうじゃく　㉒ いと
㉓ まぎ　㉔ いとな　㉕ とほう
㉖ けわ　㉗ たましい　㉘ あんど
㉙ だき　㉚ ほんろう

解説
⓫「あいねこ」ではない。
⓲「でんぱん」に間違えがちなので注意。

6 日常的に使う漢字⑥ P16-17

❶ しんらつ　❷ しにせ　❸ こんせき
❹ ちゅうちょ　❺ そんしょく　❻ つぶや
❼ ひた　❽ きろ　❾ たんれん
❿ はあく　⓫ けつじょ　⓬ こじ
⓭ こうたい　⓮ べいじゅ　⓯ かわ
⓰ かたすみ　⓱ いちべつ　⓲ にょじつ
⓳ ふぜい　⓴ くちょう　㉑ まいぼつ
㉒ きべん　㉓ たぼう　㉔ むぞうさ
㉕ きょうきん　㉖ けいだい　㉗ ゆいいつ
㉘ よゆう　㉙ きっこう　㉚ ぎんみ

解説
❷「ろうほ」と読まないように。
㉖「けいない」ではない。

7 日常的に使う漢字⑦ P18-19

❶ はば
❷ ふうび
❸ うと
❹ もよお
❺ とっさ
❻ したく
❼ せいしょう
❽ さぐ
❾ れきにん
❿ しんぼく
⓫ しんぎ
⓬ みょうぎ
⓭ さえぎ
⓮ さっそく
⓯ けいさい
⓰ かいり
⓱ ごい
⓲ しれつ
⓳ りしゅう
⓴ つど
㉑ ごくい
㉒ ゆず
㉓ めいか
㉔ こんとん
㉕ りょうが
㉖ いらだ
㉗ ちゅうすう
㉘ るいすい
㉙ たんでき
㉚ ほうかい

解説
❼「さいしょう」と読まないように。
⓫「しんい」ではない。

8 日常的に使う漢字⑧ P20-21

❶ ていげん
❷ へんりん
❸ かいさい
❹ すいこう
❺ よみがえ
❻ けんちょ
❼ えしゃく
❽ ふっとう
❾ ちりょう
❿ すぐ
⓫ きげん
⓬ あわ
⓭ なが
⓮ しんし
⓯ みじん
⓰ あいまい
⓱ ちんぷ
⓲ ふっしょく
⓳ きょうじゅ
⓴ はんすう
㉑ けう
㉒ おびただ
㉓ ゆえん
㉔ もっぱ
㉕ さくそう
㉖ いた
㉗ へんぼう
㉘ おもわく
㉙ けんお
㉚ ぜいじゃく

解説
❸「かっさい」と読まないように。
㉑「けゆう」ではない。

9 仕事で使う漢字① P22-23

❶ 署名
❷ 組織
❸ 精算
❹ 祝
❺ 昇格
❻ 無謀
❼ 削減
❽ 軌道
❾ 分析
❿ 到達
⓫ 歩合
⓬ 承継
⓭ 無駄
⓮ 疎通
⓯ 指標
⓰ 待遇
⓱ 浸透
⓲ 棚卸
⓳ 売掛金
⓴ 暗黙知
㉑ 転嫁
㉒ 交渉
㉓ 沿革
㉔ 申請
㉕ 開拓
㉖ 円滑
㉗ 損失
㉘ 検討
㉙ 執行
㉚ 備考

解説
❸「清算（これまでの関係に結末を付けること）」と間違えないように注意。
㉑「転化」としないように。

10 仕事で使う漢字② P24-25

❶機能 ❷粗利益 ❸簡潔
❹何卒 ❺弊社 ❻成果
❼専門 ❽製造業 ❾代替案
❿刷新 ⓫先方 ⓬栄転
⓭転勤 ⓮出向 ⓯解雇
⓰育休 ⓱利潤 ⓲累積
⓳鼓舞 ⓴謹慎 ㉑不祥事
㉒標語 ㉓崇高 ㉔就業規則
㉕試用期間 ㉖職業倫理 ㉗退職金
㉘付加価値 ㉙御中 ㉚是認

解説

⓲「累績」は間違い。
㉑「不正事」ではない。

11 仕事で使う漢字③ P26-27

❶せっしょう ❷みつもりしょ ❸さんか
❹ほてん ❺おっしゃ ❻はかど
❼じゅんしゅ ❽ちょうふく・じゅうふく
❾ほっそく・はっそく ❿おういん ⓫しょくたく
⓬あいこ ⓭かし ⓮かりいれきん
⓯きょうじ ⓰さっきゅう・そうきゅう
⓱じかだんぱん ⓲じゃっかんめい ⓳じぎ
⓴しごく ㉑きょうりょう ㉒りんぎ
㉓そきゅう ㉔ずさん ㉕そんたく
㉖しょうだく ㉗ちんしゃ ㉘とうしゅう
㉙ほご ㉚しゃぜ

解説

⓫「ぞくたく」ではない。
⓮「しゃくにゅうきん」と読まないように。

12 仕事で使う漢字④ P28-29

❶れんか ❷しつねん ❸そうさい
❹させん ❺ざんじ ❻ほんそう
❼おもんぱか・おもんばか ❽かせん ❾いろう
❿しょうがい ⓫いしょく ⓬ちょうぼ
⓭ぜんじ ⓮ごようたし ⓯けんせき
⓰ちょうふ ⓱こうじん ⓲ぶしつけ
⓳けが ⓴きか ㉑ようや
㉒しょうせい ㉓ごほうし ㉔べんたつ
㉕こうぎ ㉖せんえつ ㉗さしゅう
㉘とうがい ㉙かでん ㉚ふえん

解説

⓭「ざんじ」に間違えがちなので注意。

13 同音異義語・同訓異字① P30-31

1. 非（批）難
2. 避難
3. 豊富
4. 抱負
5. 新調
6. 深長
7. 慎重
8. 以前
9. 依然
10. 核心
11. 確信
12. 革新
13. 整
14. 調
15. 務
16. 勤
17. 努
18. 解放
19. 開放
20. 介抱
21. 健闘
22. 見当
23. 行為
24. 好意
25. 更衣
26. 厚意
27. 生産
28. 凄惨
29. 清算
30. 成算

14 同音異義語・同訓異字② P32-33

1. 厚
2. 暑
3. 熱
4. 備
5. 供
6. 破
7. 敗
8. 次
9. 継
10. 告
11. 誤
12. 謝
13. 現象
14. 減少
15. 追求
16. 追及
17. 追究
18. 校正
19. 構成
20. 厚生
21. 後世
22. 攻勢
23. 過程
24. 課程
25. 街頭
26. 該当
27. 規制
28. 帰省
29. 既製
30. 寄生

15 同音異義語・同訓異字③ P34-35

1. 収集
2. 収拾
3. 終生
4. 修正
5. 習性
6. 絶好
7. 絶交
8. 保障
9. 補償
10. 保証
11. 最大
12. 細大
13. 所用
14. 所要
15. 修
16. 納
17. 収
18. 治
19. 気候
20. 寄港
21. 紀行
22. 起工
23. 異動
24. 移動
25. 対照
26. 対象
27. 対称
28. 図
29. 計
30. 量

16 同音異義語・同訓異字④ P36-37

1. 遺志
2. 意思
3. 意志
4. 答
5. 応
6. 直
7. 治
8. 望
9. 臨
10. 傷
11. 痛
12. 写
13. 移
14. 映
15. 異状
16. 異常
17. 創造
18. 想像
19. 経
20. 絶
21. 断
22. 裁
23. 効
24. 聴・聞
25. 利
26. 優
27. 易
28. 公園
29. 講演
30. 後援

がな① P38－39

❷ 妨げる
❸ 抑える
❺ 訪れる
❻ 慎む
❽ 試みる
❾ 直ちに
⓫ 授かる
⓬ 敬う
⓮ 養う
⓯ 損ねる
⓱ 改める
⓲ 危ない
衰える
㉑ 届ける
確かめる
㉔ 企てる
潜む
㉗ 担ぐ
㉙ 過ぎる
㉚ 偏る

解説

❶「貴す」ではない。
❹「退ぞく」は間違い。

18 送りがな② P40－41

❶ 認める
❷ 再び
❸ 携わる
❹ 極めて
❺ 握る
❻ 断る
❼ 朗らか
❽ 紛れる
❾ 迎える
❿ 健やか
⓫ 著す
⓬ 煩わす
⓭ 和やか
⓮ 補う
⓯ 伴う
⓰ 飽きる
⓱ 陥る
⓲ 速やか
⓳ 熟れる
⓴ 拝む
㉑ 幼い
㉒ 逆らう
㉓ 幸い
㉔ 短い
㉕ 穏やか
㉖ 細かい
㉗ 群がる
㉘ 災い
㉙ 勢い
㉚ 厳しい

解説

❷「再たび」ではない。
⓫「著わす」は間違い。
㉔「短かい」ではない。

19 慣用句・ことわざ① P42－43

❶ 斜
❷ 果報
❸ 船
❹ 軍配
❺ 釘
❻ 筍
❼ 重箱
❽ 媚
❾ 手腕
❿ 座右
⓫ 言質
⓬ 現
⓭ 命運
⓮ 一日
⓯ 呆気
⓰ 五指
⓱ 角
⓲ 苦肉
⓳ 異彩
⓴ 常軌
㉑ 文殊
㉒ 歳月
㉓ 暗雲
㉔ 佳境
㉕ 水泡
㉖ 引導
㉗ 小気味
㉘ 苦汁
㉙ 有無
㉚ 寝床

解説

❷「家宝」ではない。
㉘「苦渋」に間違えがちなので注意。

20 慣用句・ことわざ② P44-45

❶善 ❷脚光 ❸後釜
❹膿 ❺御多分 ❻海路
❼火中 ❽怪我 ❾鶴
❿破竹 ⓫後手 ⓬血相
⓭下駄 ⓮有頂天 ⓯思案
⓰雲泥 ⓱青筋 ⓲寝食
⓳紐 ⓴甲乙 ㉑草鞋
㉒結晶 ㉓私腹 ㉔長丁場
㉕煮 ㉖三拍子 ㉗心頭
㉘試金石 ㉙底 ㉚年季

解説

ないように。

句・ことわざ③ P46-47

❷隔世 ❸酸
❺綾 ❻姿勢
❽終止符 ❾正念場
⓫突拍子 ⓬食指
⓮棚 ⓯手垢
⓱駄目 ⓲一筋縄
⓳面目 ⓴度肝 ㉑伝家
㉒天狗 ㉓容赦 ㉔奈落
㉕錦 ㉖拍車 ㉗変哲
㉘万難 ㉙念頭 ㉚背水

解説
⓬「触指」とするのは間違い。
㉑「殿下」ではない。

22 慣用句・ことわざ④ P48-49

❶あうん ❷けいがい ❸いさい
❹かや ❺いちる ❻はばか
❼さんこ ❽えり ❾げばひょう
❿むじな ⓫ぞうけい ⓬へきれき
⓭りっすい ⓮せき ⓯うごう
⓰たんげい ⓱いはつ ⓲のろし
⓳かいしゃ ⓴じだんだ ㉑げきりん
㉒きらほし ㉓かたず ㉔おおなた
㉕たんか ㉖きょうきん ㉗きたん
㉘しのぎ ㉙こうじん ㉚ひんしゅく

解説
⓫「ぞうし」と間違えがちなので注意。
㉒「きらぼし」と読まないように。

23 慣用句・ことわざ⑤ P50-51

①かいじん　②すんか　③かんこどり
④きびす　⑤こけん　⑥そじょう
⑦たもと　⑧ほぞ　⑨げき
⑩のれん　⑪さじ　⑫こまね
⑬ぬか　⑭かんぷ　⑮むしろ
⑯つぶて　⑰てこ　⑱あだ
⑲るつぼ　⑳きゆう　㉑そろばん
㉒ひそ　㉓しが　㉔てっつい
㉕かん　㉖かんはつ　㉗ひのきぶたい
㉘とてつ　㉙にと　㉚ろれつ

解説
㉕「しゃく（癪）」ではない。

24 四字熟語① P52-53

①新進気鋭　②単刀直入　③時期尚早
④終始一貫　⑤責任転嫁　⑥喜怒哀楽
⑦前代未聞　⑧用意周到　⑨大胆不敵
⑩自業自得　⑪一喜一憂　⑫無我夢中
⑬一念発起　⑭起承転結　⑮電光石火
⑯異口同音　⑰四苦八苦　⑱不協和音
⑲有名無実　⑳右往左往　㉑一心不乱
㉒一進一退　㉓公明正大　㉔一期一会
㉕上意下達　㉖自問自答　㉗日進月歩
㉘一長一短　㉙一心同体　㉚千差万別

解説
②「短刀直入」と間違えがちなので注意。
㉙「一身同体」としないように。

25 四字熟語② P54-55

①同工異曲　②絶体絶命　③当意即妙
④正真正銘　⑤一朝一夕　⑥意気消沈
⑦晴耕雨読　⑧花鳥風月　⑨森羅万象
⑩以心伝心　⑪言語道断　⑫起死回生
⑬平身低頭　⑭厚顔無恥　⑮固定観念
⑯既成事実　⑰準備万端　⑱危機一髪
⑲多種多様　⑳無為無策　㉑大器晩成
㉒再三再四　㉓七転八倒　㉔急転直下
㉕空前絶後　㉖本末転倒　㉗悪戦苦闘
㉘奇想天外　㉙時代錯誤　㉚支離滅裂

解説
②「絶対絶命」と間違えがちなので注意。
④「正真正名」としないように。

26 四字熟語③ P56-57

1 いきようよう
2 じゅうおうむじん
3 ごうほうらいらく
4 がりょうてんせい
5 けんどちょうらい・けんどじゅうらい
6 いいだくだく
7 じんじふせい
8 きょしんたんかい
9 きょうてんどうち
10 せっしやくわん
11 いちもうだじん
12 ししふんじん
13 かんかんがくがく
14 あいまいもこ
15 ごうかけんらん
16 ふとうふくつ
17 こっくべんれい
18 てれんてくだ
19 たいぜんじじゃく
20 てんしんらんまん
21 めんじゅうふくはい
22 けんきょうふかい
23 しゅうしょうろうばい
24 がんめいころう
25 きよほうへん
26 ふうこうめいび
27 かっかそうよう
28 こうとうむけい
29 ぼうぜんじしつ
30 うこさべん

解説

7 「じんじふしょう」と間違えやすいので注意。

27 四字熟語④ P58-59

1 かんぜんちょうあく
2 うよきょくせつ
3 かんこつだったい
4 はんしんはんぎ
5 ひろうこんぱい
6 かんなんしんく
7 てんいむほう
8 とうほんせいそう
9 こうきしゅくせい
10 いちれんたくしょう
11 いっきかせい
12 ゆうづうむげ
13 むちもうまい
14 ばりぞうごん
15 せっさたくま
16 けいきょもうどう
17 ぎしんあんき
18 りゅうげんひご
19 やろうじだい
20 うやむや
21 かいろうどうけつ
22 あびきょうかん
23 いっかくせんきん
24 ふぐたいてん
25 ちょとつもうしん
26 こしたんたん
27 しっぷうどとう
28 はちめんろっぴ
29 いんぎんぶれい
30 ちみもうりょう

解説

20 「あやふや」と読まないように。

28 経済ニュースの漢字① P62-63

1 不況
2 公共事業
3 需要
4 株主
5 失業
6 所得
7 業績
8 社会保障
9 軽減
10 申告
11 免除
12 損益計算書
13 有価証券報告書
14 非正規雇用
15 連携
16 負債
17 更生
18 暗号資産

⑲緩和 ⑳経常 ㉑租税
㉒公債 ㉓財務 ㉔累進
㉕短観 ㉖国債 ㉗信託
㉘連結 ㉙剰余 ㉚敵対

解説
⑰「更正」としないように注意。

29 経済ニュースの漢字② P64-65

①かわせ ②ねんぽうせい ③じょうじょう
④さいしゅつ ⑤ざいむさんぴょう
⑥はいとう ⑦きじく ⑧さいけん
⑨ふわた ⑩かんざいにん ⑪かせん
⑫ないぶりゅうほ ⑬たいしゃくたいしょうひょう
⑭まさつ ⑮かしょぶん ⑯こうじょ
⑰しもん ⑱ふりこう ⑲だいはっかい
⑳じょうほう ㉑くりのべしさん
㉒おわりね ㉓へんれい ㉔ふっこう
㉕かくづけ ㉖もちかぶ ㉗しゅうぎ
㉘できだか ㉙ゆうし ㉚しゅうし

解説
②「ねんぼうせい」と読まないように。
⑲「だいほっかい」ではない。

30 政治ニュースの漢字① P66-67

①衆議院 ②歳費 ③献金
④公選 ⑤官僚 ⑥総裁選
⑦自衛権 ⑧問責決議 ⑨所信表明
⑩賛否 ⑪審議官 ⑫少子化対策
⑬汚職 ⑭議事堂 ⑮官房長官
⑯幹事長 ⑰連立政権 ⑱政調会長
⑲違憲 ⑳三権分立 ㉑独裁制
㉒告示 ㉓政見放送 ㉔開票速報
㉕出口調査 ㉖街頭演説 ㉗答弁
㉘良識 ㉙臨時国会 ㉚両院協議会

解説
⑨「初心表明」ではない。

31 政治ニュースの漢字② P68-69

①せきはいりつ ②ようりつ
③だんがいさいばん ④ひめん
⑤ゆちゃく ⑥こうそくめいぼしき
⑦こうちょうかい ⑧れんざせい
⑨ぎゅうほせんじゅつ ⑩いかん
⑪ぜぜひひ ⑫せしゅう
⑬しょうしょ ⑭ひじゅん

⑮きょうたくきん
⑯かきゅうてき
⑰みぞう
⑱ふたいてん
⑲かくぎ
⑳ちんじょう
㉑きとくけんえき
㉒こうてつ
㉓はばつ
㉔ぶんしょとが
㉕かんもん
㉖りっこうほ
㉗ほねぶと
㉘かとうせい
㉙べんぎきょうよ
㉚きじつまえとうひょう

解説

㉒「こうそう」と読み間違えないように。
㉔「ぶんしょずが」ではない。

32 法律ニュースの漢字 P70－71

①控訴
②上告
③法廷
④証人尋問
⑤被告
⑥弁護士
⑦訴状
⑧申立書
⑨和解
⑩判決
⑪内容証明
⑫調停
⑬起訴
⑭求刑
⑮こうちしょ
⑯もくひ
⑰ぼうとうちんじゅつ
⑱ろんこく
⑲ほしゃく
⑳ちょうえき
㉑ひちゃくしゅつし
㉒ちょっけいひぞく
㉓しっこうゆうよ
㉔じょうじょうしゃくりょう
㉕いりゅうぶん
㉖いき
㉗いしゃりょう
㉘きよぶん
㉙えんざい
㉚ひぎしゃ

解説

⑱「ゆこく」と読まないよう注意。

33 社会ニュースの漢字 P72－73

①国民皆保険
②団結権
③風評被害
④後期高齢者
⑤生活保護
⑥家宅捜索
⑦万博
⑧職務質問
⑨厚生年金
⑩警視庁
⑪民泊
⑫三角州
⑬性自認
⑭夫婦別姓
⑮しんりょうほうしゅう
⑯だんかい
⑰ふよう
⑱じだん
⑲いんぼう
⑳ねつぞう
㉑きょたく
㉒みすい
㉓かふ
㉔えきがく
㉕ろうえい
㉖ぎゃくたい
㉗がっしょう
㉘ふか
㉙ひっぱく
㉚あお

解説

㉔「やくがく」ではない。

34 国際ニュースの漢字 P74－75

①常任理事国
②安全保障理事会
③憲章
④世界保健機関
⑤内戦
⑥雨傘運動

7 難民
8 欧州連合
9 首脳会議
10 排他的
11 軍縮
12 日中共同声明
13 侵攻
14 核兵器削減
15 れいせん
16 らち
17 かめいこく
18 りょうゆうけん
19 ないせいかんしょう
20 いったいいちろ
21 ざいりゅうほうじん
22 えんしゃっかん
23 とくそほう
24 ばいしょう
25 しんぜんたいし
26 こくひん
27 りょうじかん
28 さしょう
29 なんなんもんだい
30 ちょうようこう

35 科学・環境ニュースの漢字 P76-77

1 地球温暖化
2 特異点
3 生体認証
4 深層学習
5 脱炭素
6 持続可能
7 食物連鎖
8 酸性雨
9 水質汚濁
10 紫外線
11 土壌汚染
12 森林破壊
13 生態系
14 気候変動
15 おでい
16 ざんよねんすう
17 だいたい
18 ばんゆういんりょく
19 あかしお
20 はしょうふう
21 しゅとうほう
22 つきたんさえいせい
23 しゅうれんしんか
24 ちょうげんりろん
25 ひかりがい
26 かいめんかっせいざい
27 みどりちょうちん
28 ぜつめつきぐしゅ
29 きゅうりょうりく
30 たくばつ

解説

2 「得意点」としないように注意。
17 「だいがえ」ではない。

36 自然災害・気象ニュースの漢字 P78-79

1 黄砂
2 偏西風
3 梅雨前線
4 小笠原高気圧
5 避難勧告
6 暴風雨
7 猛吹雪
8 堤防
9 積乱雲
10 放射冷却
11 帰宅困難者
12 波浪注意法
13 耐震診断
14 線状降水帯
15 のうむ
16 げきじんさいがい
17 はんらん
18 しゅうう
19 みぞれ
20 こくしょび
21 たそがれ
22 しんきろう
23 かげろう
24 しらぬい
25 ねっちゅうしょう
26 つらら
27 ひょう
28 あられ
29 ろうとぐも
30 こぬかあめ

37 スポーツニュースの漢字 P80-81

1 大相撲
2 移籍
3 主審
4 戦力外通告
5 体幹
6 延長戦
7 守護神
8 三冠王
9 速攻
10 競歩
11 跳躍
12 犠打

⓭値千金
⓮敢闘賞
⓯たすき
⓰おうぎ
⓱きけん
⓲おおいちょう
⓳そんきょ
⓴とうてき
㉑ちょうば
㉒ざんていおうじゃ
㉓ちょっかっこう
㉔けんせいきゅう
㉕ぜんしょうせん
㉖やおちょう
㉗しこな
㉘けいこ
㉙いちばしん
㉚うでひしぎじゅうじがため

38 食べ物の漢字 P84-85

❶茄子
❷生姜
❸西瓜
❹春菊
❺伊達巻
❻海老
❼筑前煮
❽佃煮
❾出汁
❿焼売
⓫昆布
⓬鯛
⓭鮪
⓮秋刀魚
⓯あべかわもち
⓰とうばんじゃん
⓱しらあ
⓲いか
⓳あらまきじゃけ
⓴うなぎ
㉑きゅうり
㉒ごぼう
㉓こんにゃく
㉔あわび
㉕まんじゅう
㉖こしょう
㉗ようかん
㉘にくじゅう
㉙うど
㉚かまぼこ

解説
㉘「にくじる」ではない。

39 身体・病気の漢字 P86-87

❶膝
❷肘
❸肋骨
❹腸
❺欠伸
❻唇
❼認知症
❽風邪
❾不整脈
❿中性脂肪
⓫新陳代謝
⓬歯周
⓭肝臓
⓮罹患
⓯ぜんそく
⓰すね
⓱いびき
⓲しっぺい
⓳ついかんばん
⓴しょほうせん
㉑うがい
㉒めまい
㉓じんましん
㉔あざ
㉕まひ
㉖いかいよう
㉗のうこうそく
㉘じんたい
㉙あご
㉚ひふ

40 地名・駅名の漢字 P88-89

❶熊本
❷新潟
❸愛媛
❹滋賀
❺札幌
❻那覇
❼八戸
❽福生
❾郡上
❿淡路
⓫対馬
⓬千曲
⓭焼津
⓮出雲
⓯おかちまち
⓰あばしり
⓱いまばり
⓲いぶすき
⓳ひらかた
⓴あびこ
㉑おおぼけ
㉒ぽんとちょう
㉓おが
㉔りくぜんたかた
㉕いといがわ
㉖うずまさ
㉗しののめ
㉘いさわ
㉙じゅうそう
㉚あきう

解説

㉚「あきほ」と読み間違えないように。

41 人名の漢字 P90－91

❶卑弥呼　❷聖徳太子　❸徳川家康
❹織田信長　❺豊臣秀吉　❻平清盛
❼勝海舟　❽西郷隆盛　❾福沢諭吉
❿清少納言　⓫紫式部　⓬源頼朝
⓭雪舟　⓮伊藤博文　⓯いわくらともみ
⓰にしあまね　⓱たいらのまさかど　⓲たぬまおきつぐ
⓳おおいしくらのすけ　⓴もうりもとなり
㉑おおとものやかもち　㉒むつむねみつ
㉓がんじん　㉔ありわらのなりひら
㉕いのうただたか　㉖すがわらのみちざね
㉗ちかまつもんざえもん　㉘きどたかよし
㉙いぬかいつよし　㉚やまもといそろく

42 季節の漢字 P92－93

❶炎暑　❷三寒四温　❸瀬
❹薫風　❺夜長　❻風花
❼冬将軍　❽春眠　❾花曇
❿刈田　⓫樹氷　⓬冬支度
⓭曙　⓮残雪　⓯せみしぐれ
⓰のわき　⓱あおあらし・せいらん
⓲ゆうなぎ　⓳こち　⓴もがりぶえ
㉑しゅんぎょう　㉒はつがつお　㉓いわしぐも
㉔おぼろづき　㉕きりひとは　㉖つるべお
㉗しもびより　㉘しゅんじん　㉙はつかんせつ
㉚ほしづきよ

解説

⑯「のわけ」ではない。

43 暦・行事の漢字 P94－95

❶立春　❷夏至　❸師走
❹干支　❺冬至　❻暑気払
❼鏡開　❽立冬　❾七夕
❿土用　⓫入梅　⓬厄日
⓭処暑　⓮仏滅　⓯こくう
⓰せつぶん　⓱てんしゃにち・てんしゃび
⓲とり　⓳けいちつ　⓴はんげしょう
㉑しょうぶゆ　㉒すすはら　㉓おおみそか
㉔はりくよう　㉕かんろ　㉖ぼうしゅ
㉗てんおんにち・てんおんび　㉘はくろ
㉙ちゅうしゅう　㉚しゃにち

44 神事・宗教の漢字　P96－97

❶追善供養　❷手水　❸奉納
❹読経　❺地鎮祭　❻山車
❼柏手　❽千手観音　❾天照大神
❿氏子　⓫鎮守　⓬祝詞
⓭勤行　⓮般若心経　⓯まんだら
⓰ねぎ　⓱しめなわ　⓲なおらい
⓳にいなめさい　⓴りんね　㉑ねはんえ
㉒おみくじ　㉓みこ
㉔おんみょうじ・おんようじ　㉕うらぼん
㉖えこう　㉗ろくおんじ　㉘あたごじんじゃ
㉙いかるがでら　㉚しょうごいん

解説
⓲「なおかい」と読まないように注意。

45 冠婚葬祭の漢字　P98－99

❶結納　❷引出物　❸喪服
❹弔辞　❺布施　❻戒名
❼香典・香奠　❽供花　❾葬儀
❿焼香　⓫納棺　⓬精進落
⓭納骨　⓮遺影　⓯だび
⓰ゆかん　⓱しゅうげん　⓲ふくさ
⓳まつご　⓴いはい　㉑ごれいぜん
㉒そとば　㉓しょなのか・しょなぬか
㉔とき　㉕のべおく　㉖ふほう
㉗きちゅう　㉘けいちょう　㉙しろむく
㉚ふりそで

解説
⓳「まっき」とも読むが、意味の違いに注意。

46 歴史の漢字　P100－101

❶防人　❷関白　❸壬申
❹征夷大将軍　❺承久　❻執権
❼公家　❽法隆寺　❾古事記
❿封建制度　⓫応仁　⓬正倉院
⓭遣唐使　⓮廃藩置県　⓯さこく
⓰じゅがく　⓱げんろくぶんか
⓲ぎしわじんでん　⓳せっしょう
⓴しんでんづくり　㉑ぼしんせんそう
㉒はんばつ　㉓ちょくご
㉔そかい　㉕ろくめいかん
㉖たいせいよくさんかい　㉗げんこう
㉘ろくはらたんだい　㉙たいほうりつりょう
㉚ごせいばいしきもく

47 道具の漢字 P102–103

1. 椅子
2. 洗濯機
3. 扇風機
4. 急須
5. 水筒
6. 茶碗
7. 包丁・庖丁
8. 障子
9. 脚立
10. 綿棒
11. 除菌
12. 漂白剤
13. 徳利
14. 冷蔵庫
15. すずり
16. くずかご
17. はけ
18. たわし
19. おちょこ
20. こたつ
21. ほうき
22. のこぎり
23. さいばし
24. ひつ
25. たんす
26. ひきだし
27. かみそり
28. うちわ
29. まないた
30. ぼたん

48 動物の漢字 P104–105

1. 狸
2. 狼
3. 熊
4. 猪
5. 蚊
6. 蛍
7. 鯨
8. 蛙
9. 亀
10. 猿
11. 猫
12. 鶴
13. 豚
14. 蛇
15. とんぼ
16. かまきり・とうろう
17. しらみ
18. うぐいす
19. くも
20. ひる
21. いなご
22. きりん
23. いるか
24. くじゃく
25. ひばり
26. かたつむり
27. こうもり
28. わに
29. らくだ
30. りす

49 植物の漢字 P106–107

1. 椿
2. 秋桜
3. 紫陽花
4. 朝顔
5. 染井吉野
6. 桐
7. 苔
8. 芹
9. 萩
10. 紅葉・黄葉
11. 蓮
12. 紅花
13. 彼岸花
14. 蘭
15. れもん
16. いちょう
17. わさび
18. ぶどう
19. ひまわり
20. つつじ
21. ひのき
22. さかき
23. つくし
24. けやき
25. あおい
26. かきつばた
27. ききょう
28. たんぽぽ
29. ひいらぎ
30. みかん

50 文化・芸能の漢字 P108–109

1. 顔見世
2. 寄席
3. 講談師
4. 田楽
5. 詩吟
6. 能楽
7. 歌舞伎
8. 戯曲
9. 千秋楽
10. 漫才
11. 舞妓
12. 民謡
13. 狂言
14. 家元
15. たて
16. おはこ
17. りえん
18. じょうるり
19. ししまい
20. ぶよう
21. たかさご
22. くまどり
23. しっき
24. つむぎ
25. よせぎざいく
26. あいぞめ
27. ろくろ
28. ようへんてんもく
29. のし
30. とこなめやき

■カバーデザイン
松倉浩

■校正
高梨恵一

■紙面デザイン・DTP
佐藤純・伊延あづさ（アスラン編集スタジオ）

■編集協力
渡辺稔大

一般常識としての漢字ドリル

編　者　成美堂出版編集部

発行者　深見公子

発行所　成美堂出版
〒162-8445　東京都新宿区新小川町1-7
電話(03)5206-8151　FAX(03)5206-8159

印　刷　大盛印刷株式会社

ISBN978-4-415-33348-9
落丁·乱丁などの不良本はお取り替えします
定価はカバーに表示してあります